한글만 알면

꿩 먹고 알 먹고

네덜란드어 첫걸음

김영중 지음

문예림

한글만 알면 꿩 먹고 알 먹는

네덜란드어 첫걸음

2판 3쇄 인쇄 2024년 12월 25일
2판 3쇄 발행 2025년 1월 10일

지은이 김영중
펴낸이 서덕일
펴낸곳 도서출판 문예림

출판등록 1962.7.12 (제406-1962-1호)
대표전자우편 info@moonyelim.com
통합홈페이지 www.moonyelim.com
문의사항 카카오톡 "도서출판 문예림" 검색 문의

ISBN 978-89-7482-915-5(13750)

머리말

우리나라에 온 최초의 서양인이 네덜란드인이었고 네덜란드는 우리나라와 교역량도 유럽에서 가장 많은 나라중의 하나이다. 특히 2002년 한 · 일월드컵에서 우리 국가 축구대표팀을 맡았던 히딩크를 비롯 이후 아드보카트 감독 등으로 더욱 우리와 친숙한 나라가 되었다. 또한 네덜란드는 작은 나라이지만 국제적으로 정치, 경제 사회, 학문, 종교, 문화 분야에서 상당한 역할을 하고 있어 네덜란드에서 나오는 많은 정보들을 접하게 된다.

네덜란드인들의 외국어 능력은 이미 알려져 있다. 그들과의 의사소통은 영어로 하면 별 문제가 없다. 이미 영어는 지구상의 모든이들의 링구아프랑카(lingua franca)가 되었다. 그러나 최근 네덜란드에서 나오는 많은 정보들은 영어가 아닌 네덜란드어로된 정보들이 많다. 최근 이런 정보들에 대한 문의를 받는 과정에서 네덜란드어에 대한 최소한의 이해만 있다면 해결될 수 있는 경우가 많음을 발견한다.

이 책은 이런 문제 해결에 도움이 되고자 네덜란드어에 대한 아주 기초적인 발음, 문법, 어휘에 대해 일상적인 회화 텍스트를 중심으로 설명하였다.

네덜란드어에 대한 아주 기초적인 지식을 얻고자 하는이들에게 이 책이 도움이 되길 바란다.

김 영 중

〉〉목 차

Contents

책의 구성에 관하여…

이 책은 네덜란드어를 처음 배우는 이들을 위해 총 28과로 구성되어 있다.

어느 언어이든지 처음 배울 때 제일 먼저 필요한 것이 발음이다. 따라서 네덜란드어를 처음 배우려는 사람들을 위해 제일 먼저 발음편과 각과의 본문을 우리말로 표기해 두었다. 특히 본문은 물론 표현 배우기 텍스트를 네덜란드어 원어민의 발음으로 녹음하여 두었기 때문에 네덜란드어 발음을 생생하게 익힐 수 있을 것이다.

1과부터 20과까지는 일상생활에서 들을 수 있는 회화 텍스트를 본문으로 하여 그 문법내용에 대한 기본적인 문법을 설명하였으며 그 문법내용에 대한 간단한 연습문제도 제시하였다. 그리고 각과 마지막에 일상생활에 필요한 표현들을 옮겨 놓았다.

21과부터 28과는 발음편부터 1과에서 20과를 통해 익힌 발음, 문법을 응용해보고 복습을 하는 단계로서 구성하였다. 21과부터 28과의 본문 역시 일상 생활 현장에서 들을 수 있는 간단한 대화를 택하였다.

그리고 부록으로 이 책에 나오는 단어들을 수록한 단어집과 불규칙동사 변화표 및 항목별로 네덜란드어 기본어휘를 수록하였기 때문에 별도의 사전이 필요 없이 이 책을 공부할 수 있을 것이다. 아울러 1과에서 20과 까지 나오는 간단한 본문의 네덜란드어 발음을 우리말로 표기하여놓았기 때문에 네덜란드어 발음에 익숙해지는 데 도움이 될 것이다.

네덜란드어를 처음 접하는 이들이 크게 발음, 기본 문법 및 어휘, 응용 세 부분으로 구성된 이 책을 통하여 네덜란드어에 대한 기초적인 지식을 습득하기 바란다.

네덜란드어의 자모표

문 자		발 음		문 자		발 음	
A	a	[aː]	아	O	o	[oː]	오
B	b	[beː]	베	P	p	[peː]	뻬
C	c	[seː]	세	Q	q	[kyː]	뀌
D	d	[deː]	데	R	r	[ɛr]	에르
E	e	[eː]	에	S	s	[ɛs]	에스
F	f	[ɛf]	에프	T	t	[teː]	떼
G	g	[ɣeː]	헤이	U	u	[yː]	위
H	h	[haː]	하	V	v	[feː]	페이
I	I	[iː]	이	W	w	[weː]	베이
J	j	[jeː]	예이	X	x	[iks]	익스
K	k	[ka]	까	Y	y	[igrɛk]	이그렉
L	l	[ɛl]	엘	IJ	ij	[ɛi]	에이
M	m	[ɛm]	엠	Z	z	[zɛt]	제트
N	n	[ɛn]	엔				

네덜란드어 발음

1. 모음

✲ 단모음

a	[ɑ]	아	k**a**t	m**a**n
e	[ɛ]	에	b**e**l	z**e**g
I	[ɪ]	이	**i**n	d**i**t
o	[ɔ]	오	**o**p	d**o**m
u	[ʌ]	위	b**u**s	dr**u**k
e/i/ij	[ə]	어	d**e**	tass**e**n

✲ 반장모음

ie	[i.]	이	d**ie**f	f**ie**ts
oe	[u.]	우	b**oe**k	m**oe**der
eu	[ø.]	외	l**eu**k	kl**eu**r

✲ 장모음

aa	[aː]	아	l**aa**t	m**aa**t / m**a**nen	v**a**der
ee	[eː]	에	l**ee**f	t**ee**n / k**e**ren	z**e**ven
oo	[oː]	오	br**oo**d	r**oo**s / l**o**pen	t**o**ren
uu	[yː]	위	min**uu**t	f**uu**t / m**u**ren	**u**ren

✲ 이중 모음

au/ou	[aːu]	아우	**au**to	**ou**d		
ei/ij	[ɛi]	에이	kl**ei**n	l**ei**den	b**ij**	l**ij**den
ui	[œy]	아위	h**ui**s	m**ui**s		

✲ 복자음

aai	[aːi]	아이	kr**aai**	s**aai**
oei	[ui]	우이	k**oei**en	b**oei**
ooi	[oːi]	오이	m**ooi**	h**ooi**
ieuw	[i.y]	이위	n**ieuw**	h**ieuw**
eeuw	[eːy]	에위	l**eeuw**	m**eeuw**
uw	[yw]	위	r**uw**	sl**uw**

✲ 모음 발음 특이 사항

1. e는 강세없는 음절에서 약화된 모음 슈와(schwa) /ə/ '어' 로 발음된다.

   b**e**lo'ven　　va'd**e**r

2. 형용사 어미 -ig, -lijk 의 i, ij 는 /ə/로 발음된다.

   pretti**g**　gelukki**g**　　vrol**ij**k　vriendel**ij**k

3. 동사의 부정형 어미, 명사의 복수어미인 -en의 e는 /ə/로 발음되고 -n은 보통 묵음이 된다

   bellen [bɛlə]　　leren [leː.rə]　　tassen [tɑsə]

4. 부정관사 een(='n)은 [ən]로 발음된다

2. 자음

✲ 자음

b	[b]	ㅂ	**b**al	**b**oek
	[p]	ㅍ	he**b**	we**b** (*단어의 끝에 올 때)
c	[s]	ㅅ	**c**ent	**c**irca (*모음. e, i, ij, y 앞에서)
	[k]	ㅋ	Ni**c**olaas	a**cc**oord (*외래어에서)
ch	[x]	ㅎ	ka**ch**el	Utre**ch**t
d	[d]	ㄷ	**d**oen	**d**a**d**en
	[t]	ㅌ	be**d**	pa**d** (*단어의 끝에 올 때)

f	[f]	ㅍ	**f**iets	**f**ris
g	[ɣ]	ㅎ	**g**aan	**g**ieten
h	[h]	ㅎ	**h**ond	**h**aan
j	[j]	이	**j**aar	**j**enever
k	[k]	ㅋ	**k**at	**k**oor
l	[l]	ㄹ	**l**iep	we**l**
m	[m]	ㅁ	**m**aan	ka**m**
n	[n]	ㄴ	**n**ee	**n**iet
ng	[ŋ]	ㅇ	ho**ng**er	zi**ng**en
p	[p]	ㅍ	**p**et	la**pp**en
qu(=kw)	[kw]	크ㅂ	**qu**a	**kw**aliteit
r	[r]	ㄹ	b**r**ood	woo**r**d
s	[s]	ㅅ	**s**ok	**s**uiker
sj	[ʃ]	쉬	**sj**aal	hui**sj**e
sch	[sx]	스ㅎ	**sch**ool	**sch**oen
	[s]	ㅅ	histori**sch**	logi**sch** (*어미 –sch)
t	[t]	ㅌ	**t**afel	**t**ellen
th	[t]	ㅌ	**th**ee	**th**uis
tj	[tɕ]	쪄	ka**tj**e	ma**tj**e
ts	[ʦ]	ㅊ	aar**ts**en	Bee**ts**
v	[v]	ㅂ/ㅍ	**v**ader **v**al / e**v**en belo**v**en	
w	[w]	ㅂ	**w**ater	t**w**ee
z	[z]	ㅈ	**z**es	**z**uster

✲ 자음 발음 특기 사항

1. ch, g는 네덜란드의 특이한 발음으로 ch은 무성연구개마찰음이며 g은 유성연구개마찰음이다.

2. 자음이 lk, lm, rg, rk, rm로 연결될때는 자음사이에 ə를 넣어 발음한다
   elf [ɛləf] melk [mɛlək] film [fɪləm]
   berg [bɛrəx] kerk [kɛrək] scherm [sxɛrəm]

3. 무성파열음 k, p, t는 실제 발음할 때 ㄲ, ㅃ, ㄸ로 발음한다

   kat **k**ar **Pi**et **p**en t**a**fel **te**llen

연습 문제

1. 다음 단어의 철자를 말하시오.

KLM   IJmuiden   dictee   boek

2. 다음 단어를 발음해 보시오.

(1) dat, bak, Amsterdam / met, hek, veld / wit, dik, stil / of, vol, nog / vlug, zuster, tulpen / eerste, kinderen, twintig, gemakkelijk

(2) muziek, Piet, hielp / stoel, boer, goed / keuken, deur, meubels

(3) zaal, zalen, varen, leef, meel, leven, melen, roos, zool, rozen, duur, nu, minuten

(4) vrouw, ouders, blauw, ei, leiden, snijden, ijzer, vuist, luistert, tuin

(5) maait, zaaien, sneeuwen, leeuw, kieuw, hieuw, koeien, snoei, hooi, vlooien, sluw, uw

네덜란드어 철자

네덜란드어 단어는 음절의 종류에 따라 철자 및 모음의 길이가 예측되기 때문에 매우 중요하다. 단어는 한 개의 음절 혹은 그 이상의 음절로 구성되어 있다. 음절의 종류에는 음절의 끝이 모음으로 끝나는 개음절(開音節)과 자음으로 끝나는 폐음절(閉音節)이 있다.

개음절 : **va**—der, **Ne**—der—land
폐음절 : **zwar**—te, **ver**—**an**—**dert**

1. 모음의 철자

모음의 철자는 음절에 따라 한 개 혹은 두 개로 철자한다.

1) 폐음절인 경우

a. 단모음 a, e, i, o, u는 폐음절에만 나타나며 하나로 철자한다.

m**a**n, b**a**d, p**o**t, b**u**s, p**i**l

b. 반장모음 a, e, o, u는 2개로 철자한다. 그러나 다른 음절이 붙는 경우에는 개음절이 되어 하나로 철자한다.

l**aa**n, p**ee**r, b**oo**m, b**uu**r

(예) 명사의 복수어미 -en이 붙는 경우

l**aa**n → l**a**nen, p**ee**r → p**e**ren
b**oo**m → b**o**men b**uu**r → b**u**ren

2) 개음절인 경우 반장모음 a, e, o, u는 하나로 철자

v**a**der, vr**e**de, l**o**pen, n**u**(예외, z**ee**)

3) 이중모음 ieu, u, eeu는 w와 함께 철자한다.

ieuw : n**ieuw**
uw : r**uw**
eeuw : m**eeuw**

4) 반장모음 [i], [u]는 **ie, oe**로 철자하고 반장모음 [ϕ]는 eu로 철자한다.

[i]	이	l**ie**d	n**ie**t
[u]	우	m**oe**	b**oe**k
[ϕ]	외	**leu**k	r**eu**

2. 자음의 철자

1) 단모음을 갖는 폐음절인 경우 어미(語尾)가 붙는 경우에는 이중으로 철자한다.

m**a**n	ma**nn**en	pan	pa**nn**en

그러나 끝자음이 두개 이상의 자음인 경우에는 그냥 어미만 붙인다.

klont	klon**ten**
verbrand	verbran**den**
word	wor**den**
hard	har**der**
licht	lich**te**

2) f-v / s-z : 무성마찰음 f, s로 끝나는 단어에 어미 -en과 같은 다른 음절이 붙으면 v, z로 철자 한다.

brief	brie**v**en
wolf	wol**v**en
huis	hui**z**en

gans	gan**z**en
vers	ver**z**en

그러나 끝자음이 f, z를 중복하여 어미를 붙이는 경우에는 그대로 철자한다.

sto**f**	sto**ff**en
da**s**	da**ss**en

Les 1

Hoe heet u?

이름이 무엇입니까?

Ik heet Anne.
이크 헤이트 안네
Ik ben getrouwd met Hans.
이크 벤 허뜨라우트 메트 한스
Hij werkt in Den Haag
헤이 베르크트 인 덴 하흐
Wij wonen op een flat.
베이 본넌 옵 언 플랫트
Ik heb een dochter en een zoon.
이크 헵 언 도흐터르 엔 언 존
Hij heet Marco en zij heet Charlotte.
헤이 헤이트 마르코 엔 세이 헤이트 샤를로테

내 이름은 안네입니다.
나는 한스와 결혼했습니다.
그는 헤이그에서 일을 합니다.
우리는 아파트에 살고 있습니다.
나는 딸과 아들이 있습니다
아들 이름은 마르코이고 딸 이름은 샤를로테입니다.

1 단계

단어익히기

- ik 나는
- heet …라고 불리우다
- ben 이다 'be 동사'
- trouwen 결혼하다
- met …와
- hij 그는
- werken 일하다
- de flat 아파트
- wij 우리는
- wonen 살다
- op …위에서
- Den Haag 헤이그
- hebben 갖다 'have' 동사
- een 부정관사
- zij 그녀는

2 단계

문법 배우기

1. 인칭대명사

인칭	단수		복수	
1	ik	'나'	wij (we)	'우리'
2 존칭	jij (je) u	'너' '당신'	jullie u	'너희들' '당신들'
3	hij zij / ze het	'그' '그녀' '그것'	zij (ze)	'그들'

*1) 네덜란드어에는 강조하지 않는 경우 비강세형 괄호속의 we, je, ze를 사용한다.

2) u는 존칭형으로 수와 관계없다.

2. zijn 동사의 현재 인칭형

	인칭	단수	인칭	복수
1	ik	ben	wij	zijn
2 존칭	jij u	bent bent / is	jullie u	zijn bent / is
3	hij zij zijn	is	zij	zijn

*2인칭 단수에서 주어와 동사의 위치가 뒤바뀌는 경우에는 인칭어미 –t 가 탈락된다.

ben jij / je

Ben jij student? 너 학생이니?

3. hebben 동사의 현재인칭형

	인칭	단수	인칭	복수
1	ik	heb	wij	hebben
2 존칭	jij u	hebt* hebt / heeft	jullie u	hebben hebt / heeft
3	hij / zij / het	heeft	zij	hebben

*2인칭 단수에서 주어와 동사의 위치가 뒤바꾸기는 경우에는 인칭어미 –t 가 탈락된다.

heb jij / je?

Ik heb een boek. 나는 책을 갖고 있다.
Hij heeft vijf euro. 그는 5 유로를 갖고 있다.

3 단계

연습 문제

1. 밑줄친 곳에 zijn 혹은 hebben의 알맞은 현재 인칭형을 넣으시오.

(1) Annie ________ een meisje.
안니는 여자아이입니다.

(2) Hij ________ student.
그는 남학생입니다.

(3) De huizen ________ hoog.
집들이 높습니다.

(4) Hij ________ aardig.
그는 상냥합니다.

(5) Ik ________ een kamer.
나는 방을 갖고 있습니다.

4 단계

표현 배우기

감사 표현	Dank u 혹은 Dank je	감사합니다
	Bedankt!	고마워요
	Ik dank u	감사합니다
	Heel erg bedankt	아주 고마워요
	Dank u zeer	대단히 감사합니다.
대답	Ja / Nee	(예 / 아니오)

Les 2

Goedemorgen

안녕하세요(아침인사)

Goedemorgen!
후여모르헌

Ik spreek Nederlands.
이크 스프레이크 네이더를란스

Ik spreek langzaam.
이크 스프레이크 랑잠

Ik vind Nederlands moeilijk.
이크 핀트 네이더를란스 무이러크

Hoor je de radio?
호르 여 더 라디오

Ik hoor de radio niet.
이크 호르 더 라디오 니트

Lees je de krant?
레이셔 더 크란트

Ik lees de krant niet.
이크 레이스 더 끄란트 니트

안녕하세요?

저는 네덜란드어로 말합니다.

저는 천천히 말을 합니다.

저는 네덜란드어가 어렵다고 생각해요.

라디오를 듣나요?

저는 라디오를 듣지 않아요.

신문을 읽나요?

저는 신문을 읽지 않아요.

1 단계

단어익히기

- Goedemorgen! 안녕하세요 (아침인사)
- het Nederlands 네덜란드어
- vinden 생각하다, 발견하다
- horen 듣다
- niet 아닌(부정사) 'not'
- de krant 신문
- spreken 말하다
- langzaam 천천히
- moeilijk 어려운
- de radio 라디오
- lezen 읽다

2 단계

문법 배우기

1. 동사의 현재 인칭형

- 네덜란드어 동사의 원형은 **'어간 + -(e)n'** 으로 이루어져 있다.

원형(infinitief)	어간(stem)	
werken	werk	'일하다'

- 동사의 현재 인칭형은 어간에 일정한 현재인칭 어미를 붙인다.

인칭	단수	인칭	복수
ik	어간	wij	어간+(e)n
jij	어간+t	jullie	어간+(e)n
hij / zij / het	어간+t	zij	어간+(e)n
u	어간+t	u	어간+t

- 네덜란드어 동사중 원형이 -n으로 끝나는 동사는 6개
  '**doen**('하다'), **gaan**('가다'), **slaan**('때리다'), **staan**('서다'), **zien**('보다'), **zijn** ('이다') 뿐이다.
- 복수형은 원형과 같게된다.
  동사의 현재인칭형의 형태를 알기 위해서는 어간의 형태를 잘 알아야 한다.

2. 동사 어간의 철자

동사의 어간은 원형어미 -(e)n을 제외한 부분이다. 특히 네덜란드어철자법 규칙에 따라 음절의 종류에 따라 모음 혹은 자음의 철자가 달라진다.

1) 모음의 철자

원형의 어간 모음이 장모일 경우 원형어미를 제거하면 폐음절이 되어 두 개로 철자한다.

원형	어간	
wonen	woon	'살다'
huren	huur	'빌리다, 세내다'

그리고 -n으로 끝나는 동사는 -n을 없애면 개음절이 되어 장모음은 하나로 철자한다.

원형	어간	
gaan	ga	'가다'
staan	sta	'서다'

2) 자음의 철자

(1) -en을 제거한 어간이 폐음절인 경우 끝자음이 같을 때는 하나로 철자하고 개음절인 경우 모음은 두개로 철자한다.

원형	어간	
bakken	bak	'굽다'
rennen	ren	'뛰다'
praten	praat	'말하다'
wonen	woon	'살다'
*예외 komen	kom	'오다'

(2) 어간 끝자음이 v, z인 경우 어말음 무성음화 규칙에 따라 f, s로 철자한다.

	원형	어간	
v – f	schrijven leven	schrijf leef	'쓰다' '살다'
z – s	reizen lezen	reis lees	'여행하다' '읽다'

예)

원형	doen	gaan	slaan	staan	zien	komen
어간	doe	ga	sla	sta	zie	kom
ik	doe	ga	sla	sta	zie	kom
jij	doet	gaat	slaat	staat	ziet	komt
hij	doet	gaat	slaat	staat	ziet	komt
wij	doen	gaan	slaan	staan	zien	komen
jullie	doen	gaan	slaan	staan	zien	komen
zij	doen	gaan	slaan	staan	zien	komen
u	doet	gaat	slaat	staat	ziet	komt
	doe jij/je	ga jij/je	sla jij/je	sta jij/je	zie jij/je	kom jij/je

원형	bakken	wonen	werken	leven	reizen	praten
어간	bak	woon	werk	leef	reis	praat
ik	bak	woon	werk	leef	reis	praat
jij	bakt	woont	werkt	leeft	reist	praat
hij	bakt	woont	werkt	leeft	reist	praat
wij	bakken	wonen	werken	leven	reizen	praten
jullie	bakken	wonen	werken	leven	reizen	praten
zij	bakken	wonen	werken	leven	reizen	praten
u	bakt	woont	werkt	leeft	reist	praat
	bak jij/je	woon jij/je	werk jij/je	leef jij/je	reis jij/je	praat jij/je

※ 주의 사항.

1) 어간의 끝자음이 -t인 경우에는 2, 3 단수인칭 어미 -t를 생략한다.

Hij praat. '그는 말한다'
Jij zit. '너는 앉아 있다'

2) 복수 현재인칭형은 결국 원형과 같다.

3) 어간 끝음절이 -eren으로 끝나는 동사는 강세가 -e'ren에 오면 -eer로 -eren 앞 음절에 오면 -er가 된다.

원형	어간	
stude'ren	studeer	'공부하다 '
lui'steren	luister	'듣다'

4) 2인칭의 단수 현재인칭형은 주어 jij / je가 앞에 위치하면 인칭어미 -t가 생략된다.

Ga jij naar huis? '너 집에 가니?'
Lees jij de krant? '너 신문을 읽니?'
Woon jij in Amsterdam? '너 암스테르담에 살고 있니?'

연습 문제

1. 밑줄친 곳에 알맞는 동사의 현재형을 넣으시오.

(1) Ik ________ met de bal. (spelen) 나는 공을 갖고 놀다.
(2) Hij ________ naar de radio. (luisteren) 나는 라디오를 듣는다.
(3) ________ Jan naar de kat? (kijken) 얀은 고양이를 쳐다보니?
(4) ________ je een sigaret? (roken) 너는 담배피니?
(5) Het bord ________ op de tafel. (staan) 접시가 식탁위에 있다.

표현 배우기

실례	Sorry	미안합니다.
	Het spijt me (dat)	죄송합니다.
	Neem me niet kwalijk /	
	Neemt u me niet kwalijk	죄송합니다.
	Pardon	미안합니다.
	Het geeft niet	괜찮아요.
	Het maakt niet uit	괜찮습니다.

Les

3 Hoe gaat het met je?

어떻게 지내니?

A: Ben jij het, Jaap?
벤 예이 허트 야프

B: Dag, Piet. Het is leuk om je weer te zien.
다흐 피트 어트 이스 뢰크 옴 여 베이르 떠 진

A: Hoe gaat het (met jou)?
후 하터트 메트 야우

B: Goed, En (hoe gaat het) met jou?
후트 엔 후 하터트 메트 야우

A: Prima, hoor.
프리마 호르

B: Woon jij hier?
본 에이 히어르

A: Ja, ik werk nu als ingenieur in Amsterdam. Wat doe jij?
야 이크 베르크 뉘 알스 인헤뉘에르 인 암스터르담 밧 투 예이

B: Ik ben leraar op een middelbare school hier in Amsterdam
이크 벤 레이라르 옵 언 미덜바러 스홀 히어르 인 암스터르담

A: 야프 아니야?
B: 안녕, 피트, 다시 만나 기쁘다.
A: 어떻게 지내니?
B: 잘 지내지. 너는?
A: 나도 잘 지내고 있어.
B: 너 여기 살고 있니?
A: 그래, 지금 여기 암스테르담에서 기술자로 일하고 있어. 너는 뭘하고 있니?
B: 나는 암스테르담에 있는 중학교 교사야.

1 단계

단어익히기

- hoe 어떻게('how')
- met …를 갖고('with')
- leuk 재미있는, 반가운
- prima 좋아
- ja 그래
- nu 지금
- de ingenieur 기술자
- wat 무엇
- de leraar 선생님, 교사
- middelbare school 중학교
- gaan 가다
- jou 너에게, 너를
- de dag 날(日)
- horen 듣다(여기서는 간투사)
- werken 일하다
- als …로
- in …에서
- doen 하다
- een 부정관사
- hier 여기서

2 단계

문법 배우기

1. 관사

관사는 정관사와 부정관사가 있고 정관사는 명사의 성에 따라 두 종류가 있으며 부정관사는 명사의 성에 관계없이 항상 een이다.

정관사 **de** [də] : 통성명사, 모든 복수 명사
het [ət] : 중성 단수 명사

de vader	'아버지'	het geld	'돈'
de moeder	'어머니'	het mes	'칼'

부정관사 **een(= 'n)** [ən]

een vrouw	'부인, 여자'	een land	'나라'
een stad	'도시'	een kind	'아이'

2. 명사의 문법성

네덜란드어 명사에는 두 가지의 문법성(gender)이 있다. 문법성은 크게 통성(common gender)과 중성(neuter)으로 구분된다. 통성앞에는 정관사 **de**, 중성 명사 앞에는 정관사 **het** 가 붙을 수 있어 흔히 명사를 **de**-명사와 **het**-명사로 구분한다.

통성(Common gender)		중성(Neuter)	
de-명사		**het-명사**	
de stad	'도시'	het land	'나라'
de inwoner	'주민'	het kind	'아이'

3. 명사의 복수어미

복수어미	단수		복수
-s	de appel	'사과'	de appels
	do tafel	'탁자'	de tafels
-en	de peer	'배'	de peren
	de aap	'원숭이'	de apen
	de boom	'나무'	de bomen
	de muur	'담, 벽'	de muren
	de duif	'비둘기'	de duiven
	de golf	'파도'	de golven
	de muis	'쥐'	de muizen
-'s	de firma	'회사'	de firma's
-eren	het kind	'아이'	de kinderen

이 밖에도 어간 모음을 교체하는 복수형이 있다.

1) 단모음이 장모음으로 교체

de d**a**g	'날'	de d**a**gen
de w**e**g	'길'	de w**e**gen
het b**a**d	'목욕'	de b**a**den
het d**a**k	'지붕'	de d**a**ken

het g**a**t ‘구멍’ de g**a**ten
het gl**a**s ‘잔’ de gl**a**zen

2) 다른 모음으로 교체

de stad ‘도시’ de st**e**den
het schip ‘배’ de sch**e**pen

※

–’s : –a, –i, –o, –u로 끝나는 외래어		
de firma	‘회사’	de firma’s
de taxi	‘택시’	de taxi’s
de auto	‘자동차’	de auto’s
het menu	‘메뉴’	de menu’s
–eren		
het blad	‘잎사귀’	de bladeren
het ei	‘계란’	de eieren
het kind	‘아이’	de kinderen

3 단계

연습 문제

1. 밑줄친 곳에 알맞은 정관사를 넣으시오.

(1) Ik ga met ________ trein. 나는 기차를 타고 간다.
(2) Wij lezen ________ boeken. 우리는 책을 읽는다.
(3) Marie staat bij ________ stoel. 마리는 의자 옆에 서 있다.
(4) Hij heeft een boek in ________ hand. 그는 손을 책을 들고 있다.
(5) ________ huis is heel groot. 집이 아주 크다.

2. 다음 명사의 복수형을 말하시오.

(1) de banaan	'바나나'
(2) de vader	'아버지'
(3) de man	'남자'
(4) de zetel	'의석, 자리'
(5) het schip	'배'
(6) het kind	'아이'

4단계

표현 배우기

만날 때 인사

Goedemorgen(아침인사)
Goedemiddag(오후인사)
Goedenavond(저녁인사)
Dag(낮인사)

헤어질 때 인사

Tot ziens!	또 만나요!
Dáág!	안녕!
Tot morgen	내일 봐요.
Tot maandag	월요일에 봐요.

Les 4

Oma is jarig

할머니께서 생신이시다

Mijn oma is morgen jarig.
메인 옴마 이스 모르헌 야러흐

Ze wordt 90!
서 보르뜨 네이헌터흐!

Ik ga een cadeautje voor haar kopen.
이크 하 언 까도쪄어 포르 하르 꼬오펀

Mijn oma is zo oud, ze heeft alles al!
메인 옴마 이스 소 아우트 서 헤이프트 알러스 알

Ze heeft 100 theekopjes, 200 boeken en nog veel meer foto's.
서 헤이프트 혼더르트 떼이꼬펴서스 뚜베이혼더르트 북껀 엔 노흐 페일 메이르 포토스

내일은 나의 할머니 생신이시다.
할머니는 90세가 되신다!
나는 할머니를 위해 선물을 사러 간다.
할머니께서 아주 늙으셨고, 이미 모든 것을 다 갖고 계신다!
할머니께서는 100개의 찻잔과 200권의 책 그리고 아주 많은 사진을 갖고 계신다.

1 단계

단어익히기

• de oma	할머니	• mijn	나의
• morgen	내일, 아침	• jarig	생일인
• worden	되다	• het cadeautje	선물
• voor	위하여	• haar	그녀의
• kopen	사다	• zo	그렇게, 아주
• oud	늙은, 오래된	• alles	모든 것
• al	이미	• het theekopje	찻잔
• het boek	책	• nog	더, 아직,
• meer	더많은	• de foto	사진

2 단계

문법 배우기

1. 수사 : 수사에는 기수와 서수가 있다.

기수

1	één	8	acht	15	vijftien
2	twee	9	negen	16	zestien
3	drie	10	tien	17	zeventien
4	vier	11	elf	18	achttien
5	vijf	12	twaalf	19	negentien
6	zes	13	dertien		
7	zeven	14	veertien		

20	twintig	50	vijftig	80	tachtig
30	dertig	60	zestig	90	negentig
40	veertig	70	zeventig	100	honderd

21	eenentwintig	24	vierentwintig	33	drieëndertig
22	tweeëntwintig	31	eenendertig	34	vierendertig
23	drieëntwintig	32	tweeëndertig		

115	honderd vijftien	300	driehonderd
335	driehonderd vijfendertig	900	negenhonderd
999	negenhonderd negenennegentig		

1, 000	duizend
1,798	zeventienhonderd achtennegentig duizend zevenhonderd achtennegentig
5,000	vijfduizend
5,342	drieënvijftighonderd tweeënveertig
30,000	dertigduizend
35,657	vijfendertigduizend zeshonderd zevenenvijftig
100,000	honderdduizend
1,000,000	één miljoen
1,000,000,000	miljard

서수 : 기수 1에서 19까지는 –de를, 20이상은 –ste를 붙인다.

1e	eerste	8e	achtste	20e	twintigste
2e	tweede	9e	negende	21e	eenentwintigste
3e	derde	10e	tiende	40e	veertigste
4e	vierde	11e	elfde	54e	vierenvijftigste
5e	vijfde	12e	twaalfde	100e	honderste
6e	zesde	14e	veertiende	101e	honderdeerste
7e	zevende	18e	achttiende	200e	tweehonderste

년도 2008 tweeduizend acht
1999 negentienhonderd negenennegentig

2. 시간 읽기

Hoe laat is het? 몇시입니까?

Het is tien uur.

Het is vijf over tien.

Het is kwart over tien.

Het is veertien voor half elf.

Het is tien voor half elf.

Het is vijf voor half elf.

Het is half elf.

Het is vijf over half elf.

Het is tien over half elf.

Het is kwart voor elf.

Het is vijf voor elf.

6시 정각	om zes uur
6시 경	omstreeks/rond/tegen zes uur

오전	voormiddags (v.m.)
오후	namiddags (n. m.)
아침8시	acht uur 's ochtends / 's morgens
오후1시	een uur namiddags
저녁6시	zes uur 's avonds
밤11시	elf uur 's nachts

※ 시간 앞에 전치사 om

3 단계

연습 문제

1. 다음 숫자를 네덜란드어로 읽으시오.

(1) 35　(2) 457　(3) 189　(4) 2563

(5) 89e　(6) 10:00

4 단계

표현 배우기

안부	Hoe gaat/is het?	어떻게 지내십니까?
	Hoe gaat/is het met u?	어떻게 지내십니까?
	Hoe maakt u het?	어떻게 지내십니까?
	Het gaat (heel) goed/prima/uitstekend.	아주 잘 지내고 있습니다.
	O, best	아주 잘 지내고 있습니다.
	Met mij gaat het goed.	아주 잘 지내고 있습니다.

Les

5 Ik breng u een cadeau

선물을 하나 가져왔습니다

A : Hoe gaat het met u?
후 하텟트 메트 위

B : Dank u. Goed.
당퀴 후트

A : Ik breng u een cadeau.
이크 브렝 위 언 까도우

B : U geeft mij dit boek!
위 헤이프트 메이 디트 북크

A : Dit is eigenlijk van uw vriend.
디트 이스 에이헌러크 판 위 프린트

B : Mijn vriend?
메인 프린트

A : Ja, meneer De Jong.
야 머네이르 더 용

B : O, u kent hem.
오 위 껜트 헴

A : Hij werkt nu met me.
헤이 베르크트 뉘 메트 머

A : 안녕하시지요?
B : 예, 감사합니다. 아주 지내고 있습니다
A : 선물을 하나 가져왔습니다.
B : 이책을 저에게 주시는 거예요!
A : 이 것은 사실은 당신 친구 것입니다.
B : 제 친구요?
A : 예, 더 용씨.
B : 아, 그분을 아세요.
A : 그분 저와 함께 일을 하고 있습니다.

1 단계

단어익히기

- hoe 어떻게
- het 그것
- goed 잘
- geven 주다
- dit 이것
- eigenlijk 사실은, 원래는
- de vriend 친구
- kennen 알다
- gaan 가다
- dank u 감사합니다
- brengen 가져오다
- mij 나에게
- het boek 책
- van -의
- meneer …씨
- nu 지금

2 단계

문법 배우기

1. 인칭대명사의 소유격 및 목적격

인칭	주격	소유격	목적격
1	ik ('k)	mijn (m'n)	mij (me)
2	jij (je) u	jouw (je) uw	jou (je) u
3	hij (ie) zij (ze) het ('t)	zijn (z'n) haar (d'r) zijn (z'n)	hem ('m) haar ('r, d'r) het ('t)
1	wij (we)	ons, onze	ons
2	jullie(je) u	jullie (je) uw	jullie (je) u
3	zij (ze)	hun	hen/hun (ze : 사람) (ze : 사람 및 사물)

(*괄호 속의 형태는 비강세형)

• 3인칭 복수 목적격 **hen, hun**는 사람을 지칭하며 **hen**은 직접목적격과 전치사 다음의 목적격일 때 사용하고 **hun**은 간접목적격 형태로 사용된다. **ze**는 대게 사물을 지칭할 때 사용되나 사람을 지칭할 때도 사용된다.

Hij heeft **hen/ze** in de stad gezien.
그는 그들을 시내에서 보았다.

Ik heb de informatie aan **hen/ze** gegeven.
나는 그들에게 정보를 주었다.

Ik heb **hun/ze** de informatie gegeven.
나는 그들에게 정보를 주었다.

Ik kan de sleutels niet vinden. Heb jij **ze** gezien?
열쇠를 찾을 수 없다. 너 그것들을 보았니?

• hij/hem, zij/haar, zijn/hen/hun 대신에 지시대명사 **die**가 자주 사용되기도 한다.

Is Tom er nog niet?
톰이 거기에 없니?
Nee, **die**(=hij) komt niet.
그렇다, 그는 오지 않는다.

2. 소유의 표현방법

1) 소유대명사로 표현하기

Morgen is **onze** oma jarig. 내일이 우리 할머니 생신이다.
Hij is **mijn** vader. 그는 저의 아버지이십니다.

2) 소유격 어미 -s, -'s, '(apostrof)를 사용하기

-s : 자음, -e, -é 다음에 (예. Jans huis, Miekes huis, Renés huis)
-'s : 모음 다음에 (예. Otto's huis, Harry's huis)
'(apostrof) : s, x, z 다음에 (예. Els' huis, Max' huis, Liz' huis)

Jan**s** ouders wonen in Amsterdam.
얀의 부모는 암스텔담에 살고 계신다.

Estella'**s** ouders wonen in een dorpje.
에스텔라의 부모는시골에 사신다.
Han**s'** ouders wonen in Leiden.
한스의 부모는 레이던에 살고 계신다.

3) '명사+소유대명사 비강세형(**m'n, z'n, d'r**)+명사'로 표현하기

Hans **z'n** vriend (한스의 친구)
mijn moeder **d'r** oom (어머니의 아저씨)
die mensen **d'r** kleren (그사람들의 옷)

4) 'van+명사 혹은 인칭 대명사의 목적격'으로 표현하기

Het huis is **van Bernard**.	그집은 베르나르트의 집이다.
De tas is **van mij**.	그가방은 내것이다.

3 단계

연습 문제

1. 밑줄친 곳에 ( )속 인칭의 알맞는 형태를 넣으시오.

(1) Hij slaat ________. (ik)	그는 나를 때린다.
(2) Zij verkoopt ________. (we)	그녀는 우리에게 판매한다.
(3) Wij geven ________ geld. (hij)	우리는 그에게 돈을 준다.
(4) Ik zoek ________. (jij)	나는 너를 찾는다.
(5) Hier staat ________ auto. (ik)	여기에 내 자동차가 서 있다.

4 단계

표현 배우기

호칭	…씨	mijnheer, meneer	De heer (=Dhr.)
	…부인	mevrouw	Mevrouw (=Mw.)
	…양	juffrouw	Mejuffrouw (=Mej.)

Les 6

Dat is mijn pen

그것은 내 펜이다

Anne : Dat is mijn pen, Bim.
다트 이스 메인 펜 빔

Bim : Nee, dat is jouw pen en dit is mijn pen.
네이 아트 이스 야우 펜 엔 디트이스 메인 펜

Anne : Deze pen heb ik voor mijn verjaardag gekregen.
데이서 펜 헵 이크 포르 메인 페르야르다흐 허크렛이헌

Bim : Die pen heb je gekregen, niet deze.
디 펜 헵 여 허크레잇헌 니트 데이서

Deze heb ik voor mijn verjaardag van Tante Lien gekregen.
데이서 헵 이크 포르 메인 페르야르다흐 판 딴터 린 허크렛이헌

Anne : Onzin, zij heeft je dat spaarpotje gegeven.
온진 세이헤이프트 여 다트 스파르뽀쪄 허헤이번

Bim : Ja, dat klopt. Ik heb dit spaarpotje en deze pen gekregen.
야 다트 끌롭트 이크 헵 디트 스파르뽀쪄 엔 데이서 펜 허크레잇헌

Anne : 그것은 내 펜이다. 빔.
Bim : 아니다, 그것이 네 펜이고 이것이 내 펜이다.
Anne : 이 펜은 내 생일 선물로 받았다.
Bim : 그 펜을 받은 것이지 이 펜을 받지 않았어. 이것은 내 생일날 린 아주머니로부터 받았어.
Anne : 말도 안돼, 아주머니가 그것을 너에게 줬다고.
Bim : 그래, 맞아, 린 아주머니가 줬어. 그 펜과 이 저금통을 받았단 말이야.

1 단계

단어익히기

• dat	그것	• is	'be' 동사
• mijn	나의	• pen	펜
• nee	아니다	• jouw	너의
• en	그리고	• dit	이것
• deze	이것	• hebben	'have' 동사
• ik	나	• voor	.위하여, …으로
• de verjaardag	생일	• krijgen	받다
• die	그것	• van	…의
• de onzin	넌센스	• zij	그녀
• je	너에게	• het spaarpotje	저금통
• geven	주다	• kloppen	두드리다. 노크하다

2 단계

문법 배우기

1. 지시대명사 : **deze/dit** '이것, this' **die/dat** '그것, that'

die / deze : de명사 및 복수 명사 앞
dat / dit : hte－단수 명사

die tafel	그 탁자	die tafels	그 탁자들
dat huis	그 집	die huizen	그 집들
deze tafel	이 탁자	deze tafels	이 탁자들
dit huis	이 집	deze huizen	이 집들

2. 지시대명사적 부사 : hier, daar＋전치사

사람이 아닌 사물을 뜻하는 명사를 지시하는 지시대명사(deze, die, dit, dat)와 전치사가 결합할 때는 대명사적 부사 hier, daar로 바꿔 전치사와 결합하여 사용한다. hier는 지시하는 것들이 가까이 있을 경우, daar는 멀리 있는 경우로 문장안에서 전치사와 분리되기도 한다.

Fatos weet veel **over haar land**.
파토스는 그녀의 나라에 대해 잘 알고 있다.
Ze vertelt **daar** graag **over**. (=over haar land)
그녀는 그거에 대해 얘기하고 있다.
Ze houdt van het culturele programma op de televisie.
그녀는 텔레비의 문화프로그램을 좋아한다.
Ze kijkt **hier** vaak **naar**. (=naar het culturele programma op de televisie)
그녀는 그것을 자주 시청한다.

3. 주어, 동사의 위치

1) 일반적으로 주어가 먼저 오고 정동사가 다음에 온다. 그러나 주어와 정동사 이외의 문장성분인 목적어, 부사 따위가 문장 앞에 오면 주어와 정동사의 위치가 뒤바뀐다(inversie).

S(주어)+V(동사) ………. …. V+S

Zij spreekt Nederlands. → Nederlands **spreekt zij**.
그녀는 네덜란드어를 한다.

Ik lees een boek. → Een boek **lees ik**.
나는 책을 읽는다.

Wij gaan met de trein. → Met de trein **gaan wij**.
우리는 기차를 타고 간다.

2) 의문사가 없는 의문문 : V+S ……. ?

Ben jij student?
너 학생이니?
Spreek je Nederlands?
네덜란드어를 하니?

3) 종속접속사연결되는 종속절 : S ························+V (*접속사편 참조)

Ik weet dat **hij** om negen uur **komt**.
나는 그가 9시에 온다는 것을 안다.
Hij komt niet, omdat **hij** ziek **is**.
그는 오지 못한다, 왜냐하면 아프기 때문이다.

4. 부사의 위치

부사의 위치는 일정하지 않으나 시간, 방법, 장소 부사가 있을 경우에는 항상 **'시간+방법+장소'** 순으로 표현한다.

Ik ga **elke dag met de trein naar Den Haag.**
나는 매일 기차를 타고 헤이그에 간다.
Hij rijdt **morgen naar Groningen.**
그는 내일 흐로닝언에 간다.
We gaan **op de fiets naar school.**
우리는 자전거를 타고 학교에 간다.

3 단계

연습 문제

1. 이태릭체 단어를 문장 앞으로 옮기시오.

(1) Wij wonen *hier*. 우리는 여기에 산다.
(2) Ik ben *helaas* leraar. 나는 유감스럽게도 선생님이다.
(3) Zij zet *nu* koffie. 지금 그녀는 커피를 끓인다.
(4) Ik ken *Korea* niet. 나는 한국을 모른다.
(5) Tom gaat *elke dag* naar Rotterdam. 톰은 매일 로테르담에 간다.

2. deze/dit, die/dat를 붙이시오. (예, vloer – deze/die vloer)

(1) bed '침대'
(2) vogel '새'
(3) fornuis '레인지'

(4) huis 　　　　'집'
(5) kantoor 　　'사무실'

표현 배우기

Hoe heet u/je?	이름이 무엇입니까?
Hoe oud is hij?	몇 살입니까?
Wat kost......?	얼마입니까?
Hoeveel kost......?	얼마입니까?
Dat is te duur.	너무 비쌉니다.
Dat is te goedkoop.	너무 쌉니다.

Les 7

Jij bent zo laat

너무 늦었어

A: Jij bent zo laat.
예이 벤트 소 라트

Waar was jij?
바르 바스 예이

B: Neem mij niet kwalijk.
네임 메이 니트 끄발러크

Ik kon niet op tijd komen.
이크 꼰 니트 옵 떼이트 꼬먼

Mijn auto is kapot.
메인 아우토 이스 까뽀트

Dus kwam ik met een bus hierheen.
되스 끄밤 이크 메트 언 뷔스 히어르헤인

A: Praatte jij niet met een meisje in een café?
쁘랏터 예이 니트 메트 언 메이셔 인 언 까페

B: Nee, Ik ben meestal op tijd.
네이 이크 벤 메이스딸 옵 떼이트

A: Dat is goed.
다트 이스 후트

A: 너무 늦었어! 너 어디에 있었니?
B: 미안합니다.
시간에 맞춰 갈 수가 없었습니다.
자동차가 고장이 나서 버스를 타고 왔어요.
A: 너 카페에서 아가씨하고 얘기했지…
B: 아니에요, 보통 제 시간에 오잖아요.
A: 됐다.

1 단계

단어익히기

- Jij 너
- laat 늦은
- Neem mij niet kwalijk 미안합니다, 죄송합니다.
- kunnen 할 수 있다
- de auto 자동차
- dus 그래서, 따라서
- de bus 버스
- praten 말하다
- het café 카페
- misschien 아마도
- goed 좋은
- zo 그렇게, 너무
- waar 어디에
- op tijd 제 시간에, 정시에
- kapot 고장난
- komen 오다
- hierheen … 로(방향)
- het meisje 아가씨, 소녀
- meestal 대게, 보통
- dat 접속사 'that'

2 단계

문법 배우기

1. 동사의 과거형 및 과거 분사형

네덜란드어 동사의 과거형에는 규칙동사와 불규칙동사가 있다.

1) 규칙동사(=약변화동사)

(1) 어간의 끝음이 유성자음 혹은 모음으로 끝날 경우

과거형 : 동사의 어간+de
과거분사형 : (ge)+동사의 어간+d

원형	어간	과거 단수/복수	과거분사
doden	dood	doodde/doodden	gedood (죽다)
leven	leef	leefde/leefden	geleefd (살다)
reizen	reis	reisde/reisden	gereisd (여행하다)
aaien	aai	aaide/aaiden	geaaid (쓰다듬다)

(2) 어간의 끝음이 무성자음 k, p, f, ch, s, t 으로 끝날 경우

과거형 : 동사의어간+te
과거분사형 : (ge)+동사의어간+t

원형	어간	과거 단수/복수	과거분사
werken	werk	werkte/werkten	gewerkt (일하다)
zetten	zet	zette/zetten	gezet (놓다)

* 과거형의 자음, 모음의 철자에 주의 할 사항

① v – f/ z – s

원형	어간	과거 단수/복수	과거분사
geloven	geloof	geloofde/geloofden	geloofd (믿다)
durven	durf	durfde/durfden	gedurfd (감히하다)
reizen	reis	reisde/reisden	gereisd (여행하다)

② 장모음을 갖는 동사

원형	어간	과거 단수/복수	과거분사
maken	maak	maakte/maakten	gemaakt(만들다)
delen	deel	deelde/deelden	gedeeld (나누다)
hopen	hoop	hoopte/hoopten	gehoopt (희망하다)
sturen	stuur	stuurde/stuurden	gestuurd (보내다)

③ 단모음을 갖는 동사

원형	어간	과거 단수/복수	과거분사
pakken	pak	pakte/pakten	gepakt (싸다)
bellen	bel	belde/belden	gebeld (전화하다)
willen	wil	wilde/wilden	gewild (원하다)
kloppen	klop	klopte/klopten	geklopt (두드리다)

④ 어간의 끝자음이 -t, -d 인 경우

원형	어간	과거 단수/복수	과거분사
zetten	zet	zette/zetten	gezet (놓다)
praten	praat	praatte/praatten	gepraat (말하다)
branden	brand	brandde/brandden	gebrand (불태우다)

2) 불규칙동사(뒷면 불규칙 동사표 참고)

(1) 강변화동사(het sterke werkwoord)

① 과거형은 어간의 모음을 변화시키는 동사로 과거분사형은 『(ge)+어간+(e)n』의 형태를 취한다.

원형	과거 단수/복수	과거분사
kijken	keek/keken	gekeken (보다)
sluiten	sloot/sloten	gesloten (닫다)
wegen	woog/wogen	gewogen (무게를 달다)
drinken	dronk/dronken	gedronken (마시다)

② 모음뿐 아니라 자음도 함께 변화하는 동사가 있다.

원형	과거 단수/복수	과거분사
bezoeken	bezocht/bezochten	bezocht (방문하다)
eten	at/aten	gegeten (먹다)
slaan	sloeg/sloegen	geslaan (때리다)
komen	kwam/kwamen	gekomen (오다)

(2) 혼합변화동사 (het gemengde werkwoord)

과거형에 약변화어미를 취하고 과거분사형에 강변화형 **"(ge).....(e)n"** 을 취하거나 반대로 과거형에 강변화를 취하고 과분사형에 약변화 **"(ge)....t/d"**를 취하는 동사.

bakken	bakte/bakten	gebakken	(굽다)
lachen	lachte/lachten	gelachen	(웃다)
zeggen	zei/zeiden	gezegd	(말하다)
vragen	vroeg/vroegen	gevraagd	(묻다)

(3) 불규칙동사

zijn	was/waren	geweest	(이다)
hebben	had/hadden	gehad	(갖다)

2. 과거형 인칭변화

인칭	단수	인칭	복수
ik	과거어간	wij	과거어간+(e)n
jij, u	〃	jullie	〃
hij, zij, het	〃	zij	〃

	zijn	hebben	worden	wonen	praten	denken	dwingen	zien
ik	was	had	werd	woonde	praatte	dacht	dwong	zag
jij	was	had	werd	woonde	praatte	dacht	dwong	zag
hij	was	had	werd	woonde	praatte	dacht	dwong	zag
wij	waren	hadden	werden	woonden	praatten	dachten	dwongen	zagen
jullie	waren	hadden	werden	woonden	praatten	dachten	dwongen	zagen
zij	waren	hadden	werden	woonden	praatten	dachten	dwongen	zagen

3 단계

연습 문제

1. 밑줄친 곳에 동사의 과거형을 넣으시오.

(1) Ik ________ in Seoul. (wonen) 나는 서울에 산다.
(2) Hij ________ in de tuin. (werken) 그는 전원에서 일한다.
(3) Jij ________ een vrouw. (hebben) 너는 아내가 있다.
(4) Wij ________ goede vrienden. (zijn) 우리는 친구이다.
(5) Mijn dochter ________ piano. (spelen) 내 딸은 피아노를 친다.

4 단계

표현 배우기

morgen (내일)
vandaag (오늘)
gisteren (어제)
eergisteren (그저께)
morgenochtend (내일 아침)
eergisterochtend (그저께 아침)
morgenmiddag (내일 오후)
morgenavond (내일 저녁)
volgende week/maand(다음주/달)
volgend jaar (내년)
vorige/verleden week/maand (지난 주/달)
vorig/verleden jaar (지난 해)
in het weekend (주말에)
op een avond/dag/middag (어느저녁/날/오후)

Les 8

Welk nieuws?

무슨 소식요?

A: Goede morgen!
후여 모르헌

B: Goede morgen, meneer Van den Berg.
후여 모르헌 머네이르 판 덴 베르흐

A: U heeft gisteren meneer de Vries gezien, hé?
위 헤이프트 히스터른 머네이르 더 프리스 허진 헤

B: Heeft u het nieuws van hem gehoord?
헤이프트 위 어트 니위스 판 헴 허호르트

A: Welk nieuws?
벨크 뉘우스

B: Aha, u heeft het niet gehoord.
아하 위 헤이프트 허트 니트 허호르트

Hij heeft een prijs gekregen.
헤이 헤이프트 언 쁘레이스 허끄레이헌

A: Daar wist ik niets van.
다르 비스트 이크 닉스 판

Hij heeft het mij niet gezegd.
헤이 헤이프트 허트 메이 니트 허세흐트

B: Hij is vrij bescheiden mens.
헤이 이스 프레이 베스케이던 멘스

A: Wij moeten hem feliciteren.
베이 무턴 헴 펠리시떼이런

A : 안녕하세요!
B : 안녕하세요 판덴베르그씨.
A : 어제 더 프리스씨를 만나셨지요?
B : 그분 소식을 들으셨나요?
A : 무슨 소식요?
B : 아, 못들으셨군요.
그분 상을 타셨어요.
A : 그 소식 못들었어요…
그분이 제게 말을 하지 않았어요.
B : 그분은 아주 겸손한 분이예요.
A : 우리가 그를 축하해야겠습니다.

1 단계

단어익히기

• Goede morgen!	안녕하세요(아침인사)
• U	당신
• hé	응, 그렇지
• van	…의, …에 대해
• horen	듣다
• Aha	아
• de prijs	상
• daar	거기에
• niets	아무것도
• mij	나에게
• heel	아주, 매우
• de mens	사람
• moeten	해야한다
• feliciteren	축하하다
• meneer	…씨
• gisteren	어제
• het nieuws	소식, 뉴스
• hem	그를
• welk	어떤
• een	부정관사
• krijgen	받다
• weten	알다
• het	그것을
• zeggen	말하다
• bescheiden	겸손한
• wij	우리
• hem	그를

2 단계

문법 배우기

1. 완료 시제

완료 시제는 영어처럼 완료 조동사 hebben, zijn과 본동사의 과거분사형을 으로 표현한다.

> 현재완료 : hebben/zijn+과거분사
> 과거완료 : hebben/zijn의 과거+과거분사
> 미래완료 : zullen+hebben/zijn+과거분사

현재	*Mijn zoon **leest** een boek.* 나의 아들이 책을 읽는다.
과거	*Mijn zoon **las** een boek.*
미래	*Mijn zoon **zal** een boek **lezen**.*

현재완료 Mijn zoon **heeft** een boek **gelezen**.
과거완료 Mijn zoon **had** een boek **gelezen**.
미래완료 Mijn zoon **zal** een boek **gelezen hebben**.

1) 완료조동사 hebben, zijn의 선택방법

(1) hebben을 취하는 경우

① 직접목적어를 갖는 타동사, 재귀동사, 비인칭 동사,

Ik heb de krant gelezen.
나는 신문을 읽었다.
Zij heeft boodschappen gedaan.
그녀는 장을 보았다.
Het heeft gesneeuwd.
눈이 내렸다.

② 운동, 동작, 행위를 나타내는 자동사로서 운동, 동작, 행위자체를 표현하거나 어떤 상황을 기술할 때

Ik heb vanmiddag twee uur gezwommen.
나는 오늘 오후 두 시간 수영했다.
Hij heeft de hele dag gelopen.
그는 하루 종일 걸었다.

(2) zijn을 취하는 경우

상태의 변화 혹은 어떤 방향으로의 위치 변화를 나타내는 자동사

예) gaan '가다', komen '오다', sterven '죽다', vallen '떨어지다' 등

Ze zijn naar de stad gegaan.
그들은 시내로 갔다.
Vandaag ben ik vroeg opgestaan.
오늘 나는 일찍 일어났다.

(3) 특히 행위, 동작을 뜻하는 동사들(예, rijden '타다' lopen '걷다')은 hebben, zijn 둘 다 취할 수가 있으며 의미상의 차이가 있다. 행위 자체를 표현하고자 할 때는 hebben을 취하고 장소 혹은 방향의 이동을 표현할 때는 zijn을 취한다.

Hij is naar huis gelopen.
그는 집으로 갔다.
Hij heeft de hele dag gelopen.
그는 하루 종일 걸었다.
Hij heeft nooit zo snel gereden.
그는 그렇게 빨리 달려본 적이 없다.
Hij is naar huis gereden.
그는 집으로 차를타고 갔다.

2. 진행형

1) zijn .... aan het + 부정형(infinitief)

We **zijn** een huis **aan het zoeken**.
우리는 집을 찾고 있는 중이다.
Wat **ben** je **aan het doen**?
무엇을 하고 있는 중이니?

2) zitten, staan, liggen, lopen, hangen + te + 부정형(infinitief)

Ik **lig** een boek **te lezen**.
나는 책을 읽고 있다.
Hij **staat** met zijn vriendin **te praten**.
그는 여자 친구와 말을 하고 있다.

3. 의문사

wie	'누구'	Wie is de man?	그남자는 누구냐?
wat	'무엇'	Wat lees je?	무엇을 읽느냐?
hoe	'어떻게'	Hoe heet u?	'이름이 무엇입니까?'
waar	'어디에'	Waar woont u?	'어디 사느냐?'
wanneer	'언제'	Wanneer kom je?	언제오느냐?
welk(e)	'어떤'	Welk huis is van jou?	어떤 집이 너의 집이냐?
waarom	'왜'	Waarom huil je?	왜 우니?

3 단계

연습 문제

1. ______에 hebben 혹은 zijn을 골라 넣으시오.

(1) Piet ______ naar huis gegaan. 피트는 집으로 간다.
(2) ______ hij het genomen? 그가 그것을 택했느냐?
(3) Ik ______ naar huis gereden. 나는 집으로 차를 타고 갔다.
(4) Hij ______ het gedaan. 그가 그것을 했다.
(5) Wij ______ gisteren gewerkt. 우리는 어제 일을 했다.

2. 다음 문장을 현재 완료형으로 만드시오.

(1) Hij woont in Seoul. 그는 서울에서 산다.
(2) Wij fietsen naar school. 우리는 자전거를 타고 학교에 갔다.
(3) Zij praat met Wim. 그녀는 빔에게 말을 한다.
(4) Moeder kookt het eten. 어머니가 음식을 요리하신다.
(5) Ik vind dat heel mooi. 나는 그것이 아주 멋지다고 생각한다.

4 단계

표현 배우기

요일 : Welke dag is het vandaag? (오늘은 무슨 요일입니까?)
Het is zondag (일) maandag (월) dinsdag (화) woensdag (수)
donderdag (목) vrijdag (금) zaterdag (토)
's zondags (일요일에) 's maandags (월요일에) dinsdags (목요일에)
's woensdags (수요일에) donderdags (목요일에)
vrijdags (금요일에) zaterdags (토요일에)

일자 (日)
De hoeveelste is het vandaag? (오늘이 며칠입니까?)
Het is vandaag de zesentwintigste mei. (오늘은 5월26일입니다.)

(=Het is vandaag zesentwintig mei)
gisteren (어제) vandaag (오늘) morgen (내일)   overmorgen (모레)
vanochtend 혹은 vanmorgen (오늘 아침)
voormiddag (오전) middag (정오) namiddag (오후) avond(저녁)
nacht (밤)

Les 9

Goede middag!

안녕하세요!

A: Goede middag!
후여 미다흐

B: Goede middag, meneer!
후여 미다흐 미네이르

A: Kan ik meneer Hans zien?
깐 이크 메니에르 한스 진

B: Hij is nu afwezig.
헤이 이스 뉘 아프베이저흐

A: Kunt u even wachten?
꾼트 위 에이번 바흐턴

B: Mag ik een vraag stellen?
마흐 이크 언 프라흐 스텔런

A: Ja, natuurlijk.
야 나뜌어러크

B: Werkt u hier?
베르크트 위 히어르

A: Ja, waarom?
야 바롬

B: Ik wil ook hier werken.
이크 빌 오크 히어르 베르컨

A: Nee, dat kan niet.
네이 다트 깐 니트

A: 안녕하세요!
B: 안녕하세요, 선생님!
A: 한스씨를 볼 수 있을까요?
B: 그분 지금 안계신데요.
A: 좀 기다리시겠습니까?
B: 뭐 좀 물어 볼까요?
A: 예, 물론이지요.
B: 여기서 일을 하시나요?
A: 예, 왜요?
B: 저도 여기서 일을 하고 싶어서요.
A: 안됩니다.

1 단계

단어익히기

- Goede middag! 안녕하세요(오후인사)
- kan 할수 있다
- uit 나간, 외출중
- mag 해도 좋다
- ja 예
- hier 여기서
- ook 역시
- zien 보다
- even 잠시
- vragen stellen 질문하다
- natuurlijk 물론
- waarom 왜
- nu 지금
- wachten 기다리다
- werkt 일하다
- wil 하고 싶다

2 단계

문법 배우기

1. 화법 조동사 : **willen, moeten, kunnen, mogen**

화법조동사는 말하는 이의 주관적인 감정을 표현하는 데 돕는 동사들이다.

	willen	kunnen	mogen	moeten
ik	wil	kan	mag	moet
jij	wilt, wil	kunt, kan	mag	moet
hij	wil	kan	mag	moet
wij	willen	kunnen	mogen	moeten
jullie	willen	kunnen	mogen	moeten
zij	willen	kunnen	mogen	moeten
과거	wou, wilde	kon/konden	mocht	moest
과거분사	gewild	gekund	gemogen	gemoeten

※ 영어와는 달리 화법조동사와 연결되는 본동사의 원형은 항상 문장의 맨 뒤에 위치한다.

willen ‘하고 싶다’.

Ik **wil** in Utrecht **wonen**.
나는 유트레흐트에서 살고 싶다.
Hij **wilde** zijn familie **bezoeken**.
그는 가족을 방문해고 싶었다.
Wilt u me even **helpen**?
저를 좀 도와주시겠습니까?
Willen jullie even buiten **wachten**?
밖에서 좀 기다려 주시겠습니까?

moeten ‘해야한다’

Ik **moet** de trein van 14.05 uur **nemen**.
14시5분 기차를 타야한다.
Moesten jullie vandaag ook **werken**?
너희들 오늘도 일을 해야했니?

kunnen ‘할수 있다’

Ik **kan** geen muziekinstrument **bespelen**.
나는 악기를 다룰줄 모른다.
Kun jij Russisch **lezen?**
러시아를 읽을 수 있니?
Kunt u me misschien **zeggen** hoe laat het is?
몇시인지 말씀해 주시겠습니까?

mogen ‘해도 좋다’

Mogen we **binnenkomen**?
우리 들어가도 되나요?
Hier **mag** je niet **roken**.
여기서 담배를 피워서는 않된다.
Mag ik hier **zitten**? – Ja hoor, dat **mag**.
여기 앉아도 되나요? 그럼요, 앉아도 되요.

3 단계

연습 문제

1. (   )의 화법조동사로 문장을 다시 쓰시오.

(1) Ik zwem vandaag. (moeten)
(2) Hij koopt een nieuwe auto. (willen)
(3) Spreek ik even met Piet? (mogen)
(4) Help ik u? (kunnen)

4 단계

표현 배우기

전화	Hallo!	여보세요!
	Ben jij het, Kim?	김씨인가요?
	Je/u spreekt met.....	…입니다.
	Met wie spreek ik?	전화받는 분 누구이신가요?
	Is... thuis?	…집에 계신가요?
	Wilt u even wachten!	기다리세요!
	(Een)ogenblik/ogenblikje	잠간 기다리세요!
	U bent verkeerd verbonden	전화 잘못 거셨어요.
	de telefoonkaart	전화카드

Les 10

Doe het licht uit!

불을 꺼라!

A: Doe het licht in de keuken uit!
두 허트 리흐트 인 더 꾀컨 아위트

B: Ik heb het al uitgedaan.
이크 헵 허트 알 아위트허단

A: Jij doet het nooit uit. Je laat het atijd aan.
예이 두트 허트 노이트 아위트 여 라트 어트 알떼이트 안

B: Ik zal het voortaan altijd uitdoen, o.k.?
이크 살 어트 또르딴 알떼이트 아위트둔 오케이

A: 부엌의 불을 꺼라!
B: 이미 껐습니다.
A: 너는 끄지않고 항상 켜두고 있더라.
B: 앞으로 항상 끄겠습니다. 됐지요?

1 단계

단어 익히기

- uitdoen 끄다
- in …에
- jij 너는
- altijd 항상
- zullen 미래조동사
- o.k. 오케
- het licht (전기)불,
- de keuken 부엌
- nooit 결코 …않는
- aanlaten 켜두다
- voortaan 앞으로

2 단계

문법 배우기

1. 분리/비분리동사

기존의 동사에 부사, 형용사, 명사, 동사의 어간을 전철(前綴, 접두어)로 붙여 새로운 의미를 갖는 복합동사가 형성된다. 이러한 전철은 분리되기도 하고 분리되지 않기도 한는데 분리전철이 붙는 동사를 분리동사라 하고 비분리전철이 붙는 동사를 비분리동사라 한다. 전철로 사용되는 것은 부사, 형용사, 명사, 동사의 어간이 있다.

komen : aankomen(도착하다)
lopen: aflopen(경과하다)
staan : verstaan(이해하다)

1) 비분리 전철 : be-, ver-, ont-, ge-, her-, er-

bekijken (관찰하다) vertalen (번역하다)
onthouden (외우다) geloven (믿다)
ervaren (경험하다)

2) 분리전철

(1) 항상 분리하는 전철

af–, bij–, binnen–, boven–, buiten–, heen–, in–, langs–, mee–, neer/neder–, op–, rond–, samen–, tegen–, terecht–, thuis–, toe–, uit–, verder–, voort–, weg–

aflopen(경과하다) bijwonen(참석하다) binnengaan(들어가다)
bovenkomen(위로가다) langskomen(들르다)
meebrengen(가져가다) opstaan(일어서다)

(2) 분리 혹은 비분리 둘다 가능한 전철

aan–, achter–, door–, mis–, om–, onder–, over–, weer/weder–, voor–

분리		비분리	
ondergaan	'아래로 가다'	ondergaan	'겪다'
doorzien	'통해보다'	doorzien	'간파하다'
mislopen	'잘못가다'	misbruiken	'남용하다'
omrijden	'돌아가다'	omvatten	'포함하다'
overmaken	'대체하다'	overladen	'너무쌓다'
weergeven	'재현하다'	weerhouden	'저항하다'

3) 분리 및 비분리 동사의 유의 사항

(1) 비분리 동사의 강세는 동사의 어간에 있고 분리동사의 강세는 분리전철에 있다.

분리동사		비분리동사	
'aflopen	'경과하다'	ver'staan	'이해하다'
'aankomen	'도착하다'	be'kijken	'보다'

(2) 분리동사의 전철은 주문장에서 문장의 맨 뒤에 위치한다. 그러나 전치사구의 앞 혹은 뒤에 오기도 한다.

Zijn gedrag **stelde** mij ernstig **teleur**.
그의 행동은 나를 매우 실망시켰다.
Geef je niet veel te veel geld **uit**?
너 너무 많은 돈 쓰는 것 아니냐?

(3) 'te+부정형' 에서 te는 분리전철과 동사의 사이에 온다.

Je hoeft me niet **op** te **bellen**.
나에게 전화할 필요 없다.
Zij was vergeten haar paraplu **mee** te **nemen**.
그녀는 우산을 갖고 가는 것을 잊었다.

(4) 분리동사의 과거분사형에서 ge-는 분리전철과 동사의 사이에 오며 비분리동사의 과거 분사형에는 ge-를 생략한다.

opbellen –belde op – op**ge**beld 　'전화하다'
binnenkomen – kwam binnen – binnen**ge**komen 　'안으로 들어오다'
verstaan – verstond – verstaan 　'이해하다'
bestellen – bestelde – besteld 　'주문하다'

2. 비인칭 동사

Wat voor weer is het? (날씨가 어떻습니까?)

Het is winderig. (바람이 부는 날씨입니다.)
stormachtig. (비바람치는 날씨입니다.)
bewolkt. (구름이 낀 날씨입니다.)
regenachtig. (비가 오는 날씨입니다.)
zonnig. (햇빛비치는 날씨입니다.)
koud. (추운 날씨입니다.)
warm. (더운 날씨입니다.)

mistig. (안개 낀 날씨입니다.)
Het waait. (바람이 붑니다.)
stormt. (비바람칩니다.)
sneeuwt. (눈이 옵니다.)
hagelt. (서리가 내렸습니다.)
regent. (비가 옵니다.)
dondert. (천둥이 칩니다.)
bliksemt. (번개가 칩니다.)
onweert. (날씨가 궂습니다.)
motregent. (가랑비가 내립니다.)
klaart op. (날씨가 갭니다.)

3 단계

연습 문제

1. 동사의 과거형과 과거 분사형을 말하시오.

opstaan ________ ________
uitnodigen ________ ________
uitgeven ________ ________
beloven ________ ________
meegaan ________ ________

4 단계

표현 배우기

het ontbijt 아침식사, de lunch 점심, het avondeten 저녁

melk(우유) ham(햄) boter(버터) koffie(커피) yoghurt(요구르트) jam(잼) het ei(계란) suiker(설탕) honing(꿀) het fruit(과일) thee(차) ontbijtkoek(과자) pindakaas(땅콩치즈) boterhammen(샌드위치) kaas(치즈) het sinaasappelsap(오렌지쥬스) broodjes(빵) worst(소세지)

Les 11

Lucia

루시아

Lucia Zijlstra woont in een dorpje in Friesland.
루시아 세일스트라 본트 인 언 도르펴 인 프리스란트

Ze heeft een baantje bij een restaurant voor twee avonden in de week.
서 헤이프트 언 반쪄 베이 언 레스또랑 포르 뚜베이 아본던 인 더 베이크

Ze doet het werk graag, maar ze wil liever een vaste baan.
서 두트 어트 베르크 흐라흐 마르 서 빌 리버르 언 파스터 반

Soms gaat ze met haar collega's na het werk een borreltje drinken in het café.
솜스 하트 서 메트 하르 꼴레하스 나 어트 베르크 언 보럴쪄 드링컨 인 어트 까페

루시아 세일스트라는 프리스란드에 있는 작은 마을에 살고 있습니다.
그녀는 일주에 두 번 저녁시간에 일자리가 있습니다.
그녀는 일을 즐겨 합니다. 그러나 고정된 일자리를 원합니다.
가끔 그녀는 동료와 함께 일이 끝난 후 카페에 술을 마시러 갑니다.

1 단계

단어익히기

• woont	살다	• een dorpje	작은 마을
• Friesland	프리스란트 주	• het baantje	일자리
• bij	…에	• het restaurant	식당
• voor	…위한	• twee	둘
• avond	저녁	• de week	주
• doen	하다	• het werk	일
• graag	즐겨	• maar	그러나
• wil	원하다	• liever	즐겨, 더
• een vaste baan	고정된 일자리	• soms	가끔
• gaan	가다	• met	함께
• haar	그녀의	• collega's	동료들
• na	후에	• het café	카페
• een borreltje drinken	술을 마시다		

2 단계

문법 배우기

1. 지소형

화자가 대상사물에 갖는 감정을 명사, 부사, 형용사, 수사, 동사의 어간, 전치사 에 일정한 지소형 어미를 붙여 표현하며 가장 일반적인 의미는 작고 사랑스러움을 나타낸다.

1) 어미

–je aap – aapje(원숭이) boek – boekje(책)

–tje (1) 장모음 혹은 이중모음 + l, n, r

ei – eitje (계란) stoel – stoeltje(의자)

ui – uitje(양파) schoen – schoentje(구두)

vrouw – vrouwtje(여자)　deur – deurtje(문)

(2) –el, –en, –er로 끝나는 단어

kamer – kamertje(방)　tafel – tafeltje(탁자)
deken – dekentje(담요)　jongen – jongentje(남자아이)

–etje (1) 단모음+l, r, m, n, ng

bel – belletje(벨)　kam – kammetje(빗)
ster – sterretje(별)　pan – pannetje(후라이팬)
ding – dingetje(물건)　bloem – bloemetje(꽃다발)

(2) 단모음+b, g, p

krab – krabbetje(게)　rib – ribbetje(갈비뼈)
vlag – vlaggetje(깃발)　kin – kinnetje(턱)

–pje : m으로 끝나는 단어
boom – boompje(나무)　arm – armpje(팔)
duim – duimpje(엄지손가락)

–kje : –ing로 끝나는 단어에 붙으며 –je 앞에서 g가 k로 바뀐다.
koning – koninkje(왕)
단, –ling로 끝나는 단어는 –etje를 붙인다
wandeling – wandelingetje(산보)
leerling – leerlingetje(학생)

2) 의미

(1) 셀 수 없는 명사(물질명사)에 지소형어미가 붙어 셀 수 있는 명사가 되어 하나의 구체적인 물건을 나타낸다.

ijs – ijsje 아이스크림
chocola – chocolaatje 초코렛

(2) 지시하는 사물이 작고 사랑스러움을 표시한다.

vlag – vlaggetje 작은 깃발

fiets – fietsje 작은 자전거

(3) 대상사물에 대한 경멸적 감정을 나타내기도 한다.

Zo'n studentje heeft toch niets interessants te vertellen.
그런 학생은 흥미있는 얘기를 못한다.
Ben je nog steeds tevreden met dat baantje bij de PTT?
너 그 우체국 일자리에 아직도 만족하니?

3 단계

연습 문제

1. 다음 단어의 지소형을 만드시오.

de vader
de broer
het dak
de lepel
de sigaret

4 단계

표현 배우기

Eet smakelijk!	(맛있게 듭시다!)
Smakelijk eten!	(맛있게 듭시다!)
Eet ze!	(식사합시다!)
Geef me alsjeblieft de/het...	(··· 좀 주시겠습니까?)
Mag ik de/het/een...... (hebben)?	(··· 좀 주시겠습니까?)

Les

12 Kerstkaarten

크리스마스카드

Anne: Wat heb je met al de kerstkaarten gedaan?
바트 헵 여 메트 알 더 께르스트까르턴 허단

Paul: Die heb ik allemaal weggegooid. Wat moet je ermee?
디 헤빅 알러말 베흐허호이트 바트 무쪄 어르메이

Anne: Ik bewaar altijd alle kaarten tot volgend jaar om te weten aan
이크 버바르 알떼이트 알러 까르턴 도트 폴헌트 야르 옴 떠 베이떤 안

wie dan ik een kerstgroet moet sturen.
비 단 이크 언 께르스트흐루트 무트 스튜런

Paul: Dat wist ik niet.
다트 비스트 이크 니트

Anne: Dat is niets nieuws. Dat doe ik al jaren.
다트이스 닉스 니위스 다트 두이크 알 야런

Paul: Ik kan niet alles weten wat jij doet en denkt.
이크 깐 니트 알러스 베이턴 바트 예이 두트 엔 뎅크트

Anne : 그 모든 크리스마스카드를 어떻게 했느냐?
Paul : 나는 그것들 모두 버렸다. 그걸 무엇을 하려고 그러느냐?
Anne : 나는 누구에게 크리스마스 인사를 해야하는지 알기 위해 모든 것을 다음 해 까지 보관한다.
Paul : 나는 그것을 몰랐다.
Anne : 그것은 새로운 것이 아니다. 나는 그것을 벌써 몇해 계속하고 있다.
Paul : 나는 네가 무엇을 하고 무엇을 생각하는지 모든 것을 알 수 없다.

1 단계

단어익히기

• wat	무엇	• hebben	갖다
• al	모든	• de kerskaart	크리스마스카드
• doen	하다	• die	그것
• allemaal	모두	• weggooien	던지다
• moeten	해야한다	• ermee	그것으로
• bewaren	보관하다	• altijd	항상
• alle	모든	• de kaart	카드
• tot	…까지	• volgend jaar	내년, 다음 해
• om … te …	하기 위해	• weten	알다
• aan wie	…에게	• dan	그러면
• een kerstgroet	크리스마스 인사	• sturen	보내다
• dat	그것	• weten	알다
• niets	아무것도	• het nieuws	새로운
• het jaar	년(年), 해	• kunnen	할 수 있다
• alles	모든 것	• denken	생각하다

2 단계

문법 배우기

1. 부정수사 및 부정대명사

ieder(e), elk(e) 각각의

Elke/Iedere Nederlander heeft een kiesrecht.
모든 네덜란드인들은 선거권을 갖는다.
Elke (iedere) taal is een regelsysteem.
각 언어는 하나의 규칙체계이다.

iedereen 모두

Iedereen is gekomen, niemand is thuisgebleven.
모두가 다 왔고 집에는 아무도 없었다.

alles 모든것

Alles is goed.
모든 것이 좋다.
Ik heb vandaag alles bij elkaar wel tien uur gewerkt.
오늘 나는 10시에 모든 것을 몰아서 다 했다.

al, alle(n), allemaal 모두

Al de kinderen zijn boven aan het spelen.
모든 아이들이 위층에서 놀고 있다.
=De kinderen zijn allemaal boven aan het spelen
=Alle kinderen zijn boven aan het spelen.

iemand 누군가 **niemand** 어느 누구도 **iets** 어떤 것 **niets** 아무것도

Heeft er nog iemand voor me gebeld?
나에게 전화한 사람 누구 있니?
Nee, er heeft niemand gebeld.
아니, 아무도 전화하지 않았다.
Ik heb niets gemerkt.
나는 아무것도 알아차리지 못했다.

3 단계

연습 문제

1. 다음 문장을 해석하라.

(1) Ik heb al de kinderen in de tuin gezien.
(2) Alle leerlingen mogen thuis blijven.

4 단계

표현 배우기

Wat wil je kopen?	무엇을 사려느냐?
Ik wil broodjes bij de bakker kopen.	빵가게에서 빵을 사려고 한다.

peren(배)	zeep(비누)	telefoonkaart(전화카드)
perziken(복숭아)	spa(스파)	sla(배추)
bonen(콩)	frisdrank(청량음료)	tijdschriften(잡지)
komkomer(오이)	postzegel(우표)	tandpasta(치약)
wasmiddel(세제)	broodjes(빵)	kaas(치즈)
frites(감자튀김)		

bij de bakker (빵가게에서) bij de slager (정육점에서)
bij de groente boer (야채가게에서) bij de boekwinkel (서점에서)
in de supermarkt (수퍼마켓에서) op het postkantoor (우체국에서)

Les

13

Een oud huis

오래된 집

Een oud huis met een zonnige tuin.
언 아우트 하위스 메트 언 소너허 따윈

Het huis heeft een ruime, lichte woonkamer met een houten vloer
어트 하위스 헤이프트 언 라위머 리흐터 본까머르 메트 언 하우턴 플루으르

en een moderne keuken.
엔 언 모데르너 꾀컨

Op de eerste verdieping zijn twee kleine slaapkamers en twee grote
옵 더 에이르스터 페르디핑 세인 뚜베이 끌레이너 슬랍까머르스 엔 뚜베이 흐로터

slaapkamers.
슬랍까머르스

De badkamer is nieuw.
더 바트까미르 이스 니위

Het huis ligt in een rustige buurt.
어트 하위스 리흐트 인 언 루스터허 뷔르트

햇빛드는 정원이 있는 낡은 집.
그집은 나무로된 마루 넓고 밝은 거실과 현대식 부엌을 갖고 있다.
1층에는 두 개의 작은 침실과 두 개의 커다란 방이 있다.
목욕탕은 끗하다.
그 집은 조용한 이웃에 위치하고 있다.

1 단계

단어익히기

- oud 오래된
- zonnig 햇빛이 비치는
- ruim 넓은
- de woonkamer 거실
- de vloer 마루
- de keuken 부엌
- klein 작은
- de badkamer 목욕탕, 역실
- liggen 위치하다, 놓이다
- de buurt 이웃.
- het huis 집
- de tuin 정원
- licht 밝은
- houten 나무로 된
- modern 현대식의
- Op de eerste verdieping 1층에
- de slaapkamer 침실
- schoon 깨끗한
- rustig 조용한

2 단계

문법 배우기

1. 형용사

I. 형용사 어미 : -e

형용사는 문장에서 수식적, 부사적, 명사적으로 사용된다. 형용사가 수식적으로 사용될 때 사용될 때는 어미 -e를 붙기도 한다.

1) -e를 붙이지 않는 경우

(1) 술어적으로 사용될 때

Mijn vriendin is aardıg.
내 여자 친구는 상냥하다.

(2) 수식적으로 사용되며 아래와 같은 경우

① 중성 단수명사(het-명사)를 수식하는 형용사 앞에 아무런 수식어가 오지 않거나, 부정관사류가 오는 경우

[Ø, een, elk, enig, geen, ieder veel, zo'n, zulk] + 형용사+het-단수명사

oud water(오래된 물) mooi weer(좋은 날씨)
een goed boek een klein kind(모든 작은 아이)

② -en 끝나는 형용사(주로, 물질 형용사, 강변화동사의 과거분사)

een gouden ring(금반지) de open deur(열린 문)
een houten kerk(목재로 지은 성당) een geschreven brief(쓰여진 편지)

③ -er로 끝나는 지역을 나타내는 명사가 수식어로 사용될 때

Haarlemmer olie(하르렘산 기름)
een Groninger koek(흐로닝언산과자)

2) 위에서 설명한 이외에 형용사가 부가어적으로 사용될 때에는 -e를 붙인다.

de jonge man(젊은 남자) goede morgen(좋은 아침)
het jonge meisje(젊은 아가 씨) een grote tuin(큰 정원)

* 어미 -e를 붙일 때 철자상 주의.

(1) 폐음절의 두 개로 철자된 장모인 경우 -e를 붙여 개음절이 되므로 하나로 철자

laat - late(늦은) groot - grote(큰) heet - hete(뜨거운)

(2) 폐음절에서 단모음은 끝자음을 중복한다.

plat - platte(편평한) dof - doffe(둔감한) net - nette(깔끔한)
dun - dunne(얇은)

(3) s/z, f/v

doof - dove(귀먹은)
vies - vieze(더러운)
braaf - brave (용감한)
dwaas - dwaze(어리석은)
lief - lieve(사랑스러운)
boos - boze(화난)

예외) kies-kiese(민감한)
Chinees-Chinese(중국의)
vals-valse(거짓의)

II. 형용사의 명사화

1. 형용사앞에 정관사 de 혹은 het를 붙이고 어미 –e 혹은 –en을 붙여 그 형용사의 성질 혹은 그 성질을 갖고 있는 사람을 나타낸다.

de+형용사+-e	사람(단수)
de+형용사+-en	사람(복수)
een+형용사+-e	한 사람
het+형용사+-e	추상명사

de blinde 눈 먼 사람
de rijke 부자
een blinde 어떤 눈먼 사람
het rijke 부(富)
het kwade 악(惡)
de blinden 눈먼 사람들
de rijken 부자들
een rijke 어떤 부자
het goede 선(善)
het schone 미(美)

III. 형용사 어미 -s

형용사에 어미 -s를 붙여 그 형용사의 성질을 갖는 사물을 나타낸다.

[iets, wat, niets, veel, allerlei, wenig] +형용사+-s "~것"

iets nieuws (새로운 것)
iets goeds (좋은 것)
niets sterkers (전혀 독하지 않은 것)
veel moois (아주 멋있는 것)

3 단계

연습 문제

1. ____ 곳에 ( ) 형용사의 알맞은 형태를 넣으시오.

(1) Het huis is erg ________. (groot)
(2) Zijn haar is ________. (grijs)
(3) een ________ mes. (scherp)
(4) De ________ hebben veel geld. (rijk)
(5) Ik wil iets ________ eten. (lekker)

4 단계

표현 배우기

가게(Winkel)

Kan ik passen? (한번 입어 볼까요?)
Betaalt u met een cheque of contant?
(현금 아니면 수표로 지불하겠어요?)
Heeft u dit een maat groter/kleiner?
(이것보다 더 큰/작은 치수 있나요?)
Het past niet zo goed.
(맞지 않아요.)
De paskamer is om de hoek.
(피팅룸(탈의실)은 구석에 있습니다. 가서 입어보세요.)
Wat kost het bij elkaar?
(함께 얼마입니까?)
Kan ik met een eurocheque betalen?
(유로수표로 지불해도 되나요?)
Dat staat u goed.
(그것 잘 어울립니다.)
Volgens mij is het te klein.
(내가 보기에 그것은 작아요).

Welke maat heeft u?
(치수가 어떻게 되나요?)
Nee, dank u, ik kijk alleen maar even.
(아닙니다, 잠깐 구경만 하겠어요.)
Ik neem dit.
(이것을 사겠습니다.)

Les 14

Blindedarmontsteking

맹장염

Dokter : Jij ziet er slecht uit, jongen!
예이 지트 어르 슬레흐트아위트 용언

Waar doet het pijn?
바르 두트 어트 뻬인

Willem : Hier rechts.
히어르 레흐쓰

Dokter : Doet het rechts meer pijn dan links?
두 어트 레흐쓰 메이르 뻬인 단 링스

Willem : Ja, nou en dan.
야 나우 엔 단

Dokter : Heb je vanmorgen minder gegeten dan normaal?
헵 여 판모르헌 민더르 허헤이턴 단 노르말

Willem : Een boterham minder.
언 보터람 민더르

Dokter : Wordt de pijn steeds erger, of is het net zo erg als op school?
보르트 더 뻬인 스테잇스 에르허르 오프 이스 어트 넷 소 에르흐 알스 옵 스홀

Willem : Nee, het wordt steeds erger.
네이 어트 보르트 스테잇스 에르허르

Dokter : Je hebt blindedarmontsteking. Kunnen we je ouders opbellen?
여 헵프트 블린더다름온트스테이킹 꾼넌 버 여 아우더르스 옵벨런

Willem : Ja, het is het beste dat u mijn moeder opbelt.
야 어트 이스 어트 베스터 다트 위 메인 무더르 옵벨트

Mijn vader is vaker weg dan mijn moeder.
메인 파더르 이스 파커르 베흐 단 메인 무더르

의사 : 얘야, 너 몸이 안좋아 보인다?
어디 아프니?
빌럼 : 여기 오른쪽이 아파요.
의사 : 왼쪽보다 오른쪽이 더 아프니?
빌럼 : 예.
의사 : 너 오늘 보통때 보다 덜 먹었지?
빌럼 : 샌드위치를 덜 먹었요.
의사 : 점점 더 심하게 아프니? 학교에서처럼 아프니?
빌럼 : 아니예요, 점점 더 아파요···
의사 : 너, 맹장염이다. 부모님께 전화할 수 있겠니?
빌럼 : 예, 엄마에게 전화하는 것이 더 나아요.
아빠는 엄마보다 더 자주 밖에 계세요.

1 단계

단어익히기

- de dokter 의사
- zien er slecht uit 안색이 좋지 않다
- de jongen 남자 아이
- waar 어디
- doen het pijn 아프다
- hier 여기
- rechts 오른쪽
- het rechts 오른쪽
- meer 더, 'veel' 의 비교급.
- de pijn 아픔
- dan ···.보다
- links 왼쪽
- vanmorgen 오늘 아침
- minder 덜, 'weinig' 의 비교급
- eten 먹다
- normaal 보통때
- boterham 샌드위치
- worden 되다
- steeds 점점
- erger 더 심한
- net zo erg als ···에서처럼 심한
- op school 학교에서
- de blindedarmmontstekeing 맹장염
- de ouders 부모님
- opbellen 전화하다
- beste 최고, 가장 좋은 'goed' 의 최상급

- de moeder 어머니
- vaker 더 자주 'vaak' 의 비교급

문법 배우기

1. 형용사의 비교급, 최상급

형용사의 비교급 어미는 **-er**, 최상급 어미는 **-st**이다. 비교급 어미를 붙일 때 다음과 같은 사항을 유의해야 한다.

1) 폐음절의 장모음, 폐음절 단모음, 자음 s – z, f – v 철자에 주의

원급	비교급	최상급	
groot	groter	grootst	큰
doof	dover	doofst	귀먹은
vies	viezer	viest	더러운
dik	dikker	dikst	두꺼운
mooi	mooier	mooist	멋진

2) -r로 끝나는 형용사의 비교급어미는 -der 이다.

원급	비교급	최상급	
ver	verder	verst	먼
duur	duurder	duurst	비싼
lekker	lekkerder	lekkerst	맛있는

3) 불규칙 형태

원급	비교급	최상급	
goed	beter	best	좋은
erg	erger	ergst	심한
weinig	minder	minst	적은
veel	meer	meest	많은

* 부사 graag liever liefst 기꺼이

4) 비교급, 최상급 형태 역시 형용사의 어미 변화에 따른다

een oudere heer (더 늙은 남자)
de belangrijkste man (가장 중요한 사람)

5) … 비교의 종류

a. 동등비교: 'even/(net)zo+원급+als'

Hij is bijna **even groot als** vader.
그는 거의 그의 아버지와 키가 같다.
Dit papier is **zo wit als** sneeuw.
이 종이는 눈처럼 희다.

b. 상대비교 : '비교급+dan+주격'

Annie is **groter dan** haar vader.
안니는 아버지보다 키가 더 크다.
Hij is **ouder dan** ik.
그는 나보다 나이가 많다.

c. 절대비교

'het+최상급+(−e)'
's Winters is het weer **het koudst**. 날씨는 겨울이 가장 춥다.
Zij zingt **het best(e)**. 그녀가 노래를 제일 잘 부른다.

d. hoe+비교급, hoe/des te+비교급 '…하면 할수록…'

Hoe langer hoe blauwer 길면 길수록 푸르다.
그 논문을 오래 작업하면 할수록 논문이 더 져 간다.
Hoe kleiner radiootjes zijn, **des te duurder** zijn ze.
라디오는 작으면 작을수록 더 비싸다.

3 단계

연습 문제

1. ( )속 형용사의 알맞은 형태를 넣으시오.

(1) Hij is net zo ________ als ik. (groot)
(2) Mijn boek is ________ dan jouw boek. (dik)
(3) Dat is ________ dan dit. (goed)
(4) Willem is ________ dan Loes. (vies)
(5) Deze auto is ________ dan die auto. (duur)

4 단계

표현 배우기

병원(Bij de dokter)

Ik heb pijn in mijn	…가 아픕니다.
Mijn ......doet zeer/pijn.	〃
Ik heb hoofd-/kies-/buikpijn.	머리/이/배가 아픕니다.

maagpijn(복통)
gebroken arm(팔이 부러짐)
oorpijn(귀병)
koorts(열)
keelpijn(목이 아픔)
kiespijn(치통)
diarree(소화불량)
insectensteken(벌레한테 쏘임)
reisziekte(여독)
slapeloosheid(불면증)
hoofdpijn(두통)
verkoudheid(감기)
een wond(상처)
hoest(기침)
spierpijn(근육통)

Les 15

U spreekt goed Nederlands

네덜란드어를 잘 하십니다

A: U spreekt goed Nederlands.
위 스프레이크트 후트 네이더르란스

B: Dank u voor het compliment.
당크 위 포르 어트 콤플리멘트

A: Dat is geen compliment.
다트 이스 헤인 콤플리멘트

A: Ik spreek niet zo goed Nederlands.
이크 스프레이크 니트 소 후트 네이더르란스

Niemand leert mij de taal.
니만트 레이르트 메이 더 딸

B: Dan leer ik u Nederlands.
단 레이르 이크 위 네이더르란스

A: O ja! Wanneer beginnen wij de les?
오 야 바네이르 버힌넌 베이 더 레스

B: Nu meteen.
뉘 머떼인

A: Nu meteen?
뉘 머떼인

A: Ja, waarom niet.
야 바롬 니트

A: 네덜란드어를 잘 하십니다.
B: 칭찬해주셔셔 감사합니다.
A: 칭찬이 아닙니다.
A: 저는 네덜란드어를 잘 하지 못합니다.
아무도 나에게 가르쳐 주지 않습니다.
B: 그러면 제가 가르쳐 드리지요.
A: 좋아요! 언제 레슨을 시작할까요?
B: 지금 당장요.
A: 지금 당장요?
A: 예, 왜 안되나요?

1 단계

단어익히기

• spreken	말하다	• goed	잘
• het Nederlands	네덜란드어	• Dank u	감사합니다
• voor het compliment	칭찬에	• dat	그것은
• geen	전혀 …아닌	• niemand	어느누구도
• leren	배우다	• mij	나에게
• de taal	언어, 말	• dan	그러면
• O ja!	좋아요, 그래요	• wanneer	언제
• beginnen	시작하다	• wij	우리는
• de les	수업, 과	• nu	지금
• meteen	당장, 즉시	• waarom	왜

2 단계

문법 배우기

1. 동사의 부정법

네덜란드어 동사는 문장에서 다른 동사와 함께 결합되어 사용될 때 부정형(infinitief)을 취할 수가 있다. 이러한 동사의 부정형앞에 te가 오는 경우인 **te-부정법**과 te없이 부정형이 오는 **단순부정법**으로 구분 할 수가 있다.

단순부정법

1) 화법조동사(mogen, moeten, zullen, kunnen, laten, willen)와 결합할 때

Ik **moet** deze week hard **werken**.
나는 이번 주에 열심히 일을 해야 한다.
Hij **mag** niet meer **drinken**.
그는 더 이상 술을 마셔서는 않된다.

2) 감각, 지각동사(zien, horen, voelen…)와 결합 될 때.

Ik **zag** het gordijn **bewegen**
나는 그가 커텐을 움직이는 것을 보았다.
Hij **hoorde** haar heel lang schreeuwen.
나는 그녀가 아주 길게 소이치는 것을 들었다.

te-부정법

1) 조동사 zitten, liggen 등과 결합되는 경우(=진행형)

Hij **ligt** in bed **te lezen**. 그는 침대에 누워 책을 읽고 있다.

2) 목적어, 부사구 등 문장성분 역할을 할 경우

Het **begint te sneeuwen** 눈이 오기 시작한다.

om…… te 부정형

1) '…하기 위하여' (부사적 용법)

We gaan nu naar huis **om** televisie **te kijken**.
우리는 t.v.를 보기위해 지금 집에 간다.

2) '…할' (명사적, 형용사적 용법)

Ik probeer **om** het station **te bellen**.
나는 역에 전하하려고 노력한다.
Er is geen tijd **om te lezen**.
읽을 시간이 없다.

2. 부정사(否定詞, Negation) : niet, geen

niet

1) 시간, 정관사류가 붙은 직접목적어, 대명사목적어를 부정하며 부정사 뒤에 위치한다.

Hij komt vandaag **niet**.	그는 오늘 오지 않는다.
Hij kan de sleutel **niet** vinden.	나는 열쇠를 찾을 수 없다.
Ik ken hem **niet**.	나는 그를 모른다.

2) 다음과 같은 경우에는 부정하는 단어앞에 위치한다.

(1) 강조하는 단어

Hij komt **niet** maandag (maar dinsdag)
그는 (화요일이 아니라) 월요일에 오지 않는다.

(2) 장소, 방법, 장소 등의 부사구 부정

Ik rij **niet** hard. 나는 과속하지 않는다.
Ik woon **niet** hier. 나는 여기에 살지 않는다

(3) 전치사 목적어 혹은 전치사구

Ik heb **niet** naar de muziek. 나는 음악을 듣지 않는다.
Hij woont **niet** in Engeland. 그는 영국에 살지 않는다.

(4) 술어적으로 사용된 형용사를 부정하는 경우

Hij ie **niet** arm. 그는 가난하지 않다.

(5) 부정대명사목적어를 부정하는 경우

Ze heeft **niet** genoeg geld bij zich.
그는 충분한 돈을 갖고 있지 않지 않다.

geen : 단수 명사 혹은 복수명사를 직접 부정하며 바로 앞에 위치한다.

1) 부정관사가 앞에 있는 명사 혹은 관사없는 복수명사를 부정.

Heeft hij een auto? 그는 자동차기 있나?
Nee, hij heeft ook **geen** auto. 아니, 자동차가 없다.

2) 명사구를 부정(否定)

Heb je geld bij je? 돈이 있나?
Nee, ik heb **geen** geld bij me. 아니, 돈이 없다.

3 단계

연습 문제

1. 밑줄친 곳에 niet 혹은 geen을 넣으시오.

(1) Rookt u? Nee, ik rook ______.
(2) Heb je een fiets? Nee, ik heb ______ fiets.
(3) Is dez plaats vrij? Nee, deze plaats is ______ vrij.
(4) Ken je het Rijksmuseum? Nee, ik ken het ______.
(5) Hebt u kinderen? Nee, ik heb ______ kinderen.

4 단계

표현 배우기

국적(Nationaliteiten)

국적	형용사/언어	사람
België (벨기에)	Belgisch	Belg
China (중국)	Chinees	Chinees
Frankrijk (프랑스)	Frans	Fransman
Engeland (영국)	Engels	Engelsman
Amerika (미국)	Amerikaan	Amerikaan
Japan (일본)	Japaans	Japaner
Italië (이탈리아)	Italiaans	Italiaan
Spanje (스페인)	Spaans	Spanjaard
Korea (한국)	Koreaans	Koreaan
Duitsland (독일)	Duits	Duitser

Les 16

Mevrouw Kim

김씨 부인

A: Ik heet Kim.
이크 헤이트 김

B: Aangenaam.
안허남

A: Gaat u zitten.
하트 위 지턴

B: Dank u.
당퀴

A: U komt uit Korea?
위 꼼트 아위트 꼬레아

B: Ja.
야

A: Hoelang blijft u nog in Nederland?
후랑 블레이프트 위 노흐 인 네더를란트

B: Ik zal nog drie jaar hier zijn.
이크 살 노흐 드리 야르 히어르 세인

A: Dan zult u genoeg tijd hebben om uw Nederlands te verbeteren.
단 술트 위 허누흐 떼이트 헤번 옴 위 네이더를란스 떠 페르베이터런

B: Ja, ik wil die taal beheersen.
야 이크 빌 디 딸 버헤이르선

A: Ik help u daarmee.
이크 헬프 위 다르메이

B: Ik ben heel blij om dat te horen.
이크 벤 헤일 블레이 옴 다트 떠 호런

A: 저는 김입니다.
B: 처음뵙겠습니다.
A: 앉으시지요.
B: 감사합니다.
A: 한국에서 오셨지요?
B: 예.
A: 네덜란드어 얼마동안 머무시나요?
B: 3년 머무르 것입니다.
A: 그러면 네덜란드어를 배우기에 충분한 시간입니다.
B: 그래요. 네덜란드언어를 잘 구사하고 싶습니다.
A: 제가 돕겠습니다.
B: 그렇게 말씀해주시니 기쁩니다.

1 단계

단어익히기

• heten	…라고 불리우다	• aangenaam	처음뵙습니다.
• gaan	가다	• zitten	앉다
• Dank u	감사합니다	• komen uit….	…에서 오다
• ja	예	• hoelang	얼마나 오랫동안
• blijven	머물다	• zullen	미래조동사
• drie jaar	3년	• hier	여기
• dan	그러면	• genoeg	충분한
• de tijd	시간	• om ... te	하기위해
• Nederlands	네덜란드어	• leren	배우다
• willen	화법조동사	• die taal	그 언어
• beheersen	(언어를) 구사하다	• helpen	돕다
• daarmee	그것을(지시대명사적 부사)	• heel	아주
• blij	기쁜	• horen	듣다

문법 배우기

1. 미래시제 : 'zullen/gaan …+부정형(infinitief)'

네덜란드어 미래시제는 조동사 zullen과 gaan 동사를 사용하며 본동사는 부정형이 오며 문장의 맨뒤에 위치한다.

	zullen	gaan		zullen	gaan
ik	zal	ga	wij	zullen	gaan
jij	zult(zal)	gaat	jullie	zullen	gaan
hij,zij,het	zal	gaat	zij	zullen	gaan
u	zult	gaat	u	zult	gaat

1) gaan+부정형 은 계획 혹은 의도의 의미를 지닌다.

Ze **gaan** een jaar lang voor Unicef **werken**.
그들은 1년간 유니세프를 위해 일하러 간다.
Helen **gaat** een cursus Engels **doen**.
헬렌은 영어코스를 할 것이다.

2) zullen+부정형 은 제안, 약속, 행위나 상황이 일어날 것임을 확신하는 의미를 지닌다.

Zal ik Helen en Anja even **opbellen**?
내가 헬렌과 안야에게 전화를 할까?
Ik **zal** Helen en Anja even **opbellen**.
내가 헬렌과 안야에게 전화할 것이다.
Ze **zullen** eerst een paar maanden in Korea **blijven**.
그들은 먼저 몇 개월 한국에 머무를것이다.

2. 가정법 : 비현실(irrealis) 시제

네덜란드어 동사의 시제중 과거미래시제(zou/zouden+부정형)와 과거미래완료시제(zou/zouden+과거분사+hebben/zijn)는 시간적 의미보다 비현실적 의미가 있기 때 문에 가정법 표현으로 가장 잘 사용된다.

1) 「zou/zouden...... +원형」 : 현재 혹은 미래사실에 대한 반대, 가정, 의혹, 추측 등을 나타낸다.

Hij **zou** me **helpen**.
그가 나를 도울지 모른다.
Ik dacht dat jij de boodschappen **zou doen**.
나는 네가 장을 볼거라고 생각했다.

Als hij de tijd had, **zou** hij me **helpen**.
=Als hij de tijd **zou hebben**, **zou** hij me **helpen.**
그가 시간이 있다면 나를 도울텐데.

Als hij niet zo veel rookte, **zou** hij nu rijk **zijn**.
그가 그렇게 담배를 많이 피우지 않는다면 부자일텐데.

=Als hij niet zo veel **zou roken**, **zou** hij nu rijk **zijn**.
Als ik veel geld **zou hebben**, **zou** ik een vakantiehuis **kopen**.
(가정) (돈이 많다면 별장을 살 수 있을 텐데.)

그러나 현재, 미래 사실에 대한 비현실적 표현을 직설법 과거 형태가 사용되기도 한다.
Ik dacht dat jij de boodschappen **deed**.
Ging jij niet naar oma?

2) 「zou/zouden ……. 과거분사+hebben/zijn」 : 과거 사실에 대한 반대, 가정, 추측

Als ze genoeg geld gehad had, **zou** zij een nieuwe auto **gekocht hebben**.
그녀가 돈이 충분히 있었더러면, 새 자동차를 샀을 텐데.

Hij **zou gekomen** zijn, maar er kwam iets tussen
그가 올 수 있었을 터인데 그 사이이 무슨일 있었다.

3 단계

연습 문제

1. 다음 문장을 (　)의 조동사로 미래시제 문장으로 만드시오.

(1) Ik loop naar de stad. (zullen)
(2) Neem je met de trein? (gaan)
(3) Wij vinden een plaats. (zullen)
(4) Ik vraag het haar. (gaan)

2. 다음 문장들을 네덜란드어로 말하시오.

(1) 내가 돈이 있다면 너에게 돈을 줄 수 있을 텐데
(2) 내가 돈이 충분히 있었다면 장을 보러 갈 수 있었을 텐데

3. 다음 문장을 해석하시오.

(1) Als hij meer verdiende, zou hij een groter huis kopen.
(2) Zij konden halen als ze de auto gehad had.

4 단계

표현 배우기

Wat voor werk doe jij?　　무슨 일을 하나요?

de dokter(의사)
de tuinman(정원사)
de leraar(교사)
de secretaresse(비서)
de opticien(안경사)
de orgelman(오르간맨)
de bakker(제과점)
de apotheker(약사)
de politieagent(경찰)
de kapper(이발사)
de groenteboer(야채상)
de verkoopster(여판매원)
de dominee(목사)
de fietsmonteur(자전거기사)
de chauffeur(운전기사)
de boekhouder(회계사)

Les 17

Niet geschoren

면도하지 않았다

Collega:	Goedemorgen, Piet. Jij hebt je niet geschoren, zeg! 후여모르헌 피트 여이 헤프트 여 니트 허스코런 제흐
Piet:	Nee, dat klopt. Ik heb me verslapen en ik had geen tijd om 네이 다트 끌롭트 이크 헵 머 페르슬라펀 엔 이크 하트 헤인 떼이트 옴 me te scheren. 머 떠 스케이런
Collega:	Ik heb me ook moeten haasten maar ik heb me wel kunnen 이크 헵 머 오크 무턴 하스턴 마르 이크 헵 머 벨 꾼넌 scheren. 스케이런
Piet:	Hoe laat ben jij dan opgestaan? 후 라트 벤 에이 단 옵허스탄
Collega:	Ik kan het me niet meer herinneren - het was bij ons een 이크 깐 어트 미 니트 메이르 헤린너런 어트 바스 베이 온스 언 gekkenhuis vanochtend. 헤껀하위스 판오흐턴트

Collega:	안녕! 피트, 너 면도하지 않았지, 응!
Piet:	그래, 맞아. 늦잠을 자 면도할 시간이 없었어.
Collega:	나 역시 서둘러야 했지만 면도를 할 수 있었다.
Piet:	몇시에 일어났니?
Collega:	기억할 수 없어. 오늘 아침 우리집이 난리였어.

1 단계

단어익히기

- zich schreren 면도하다
- zeg! 간투사 그렇지.
- dat klopt 그래, 맞다.
- zich verslapen 늦잠자다
- een tijd om me te scheren 면도할 시간
- zich haasten 서두르다
- maar 그러나
- kunnen 화법조동사 '할 수 있다'
- hoe laat 몇시에
- opstaan 일어나다
- zich herinneren 기억하다
- niet meer 더 이상 않은

2 단계

문법 배우기

1. 재귀동사 및 재귀 대명사

재귀동사란 동사의 행위의 결과가 주어에 되돌아 오는 동사를 말하며 목적어는 인칭대명사의 목적격대신 별도의 재귀대명사를 취한다.

단수		복수	
ik	me	wij	ons
jij, je	je	jullie	je
u	u/zich	u	u/zich
hij, zij, het	zich	zij	zich

Ik was **me**. 나는 세수한다.
Zij kleden **zich** aan. 그들은 옷을 입었다.
We moeten **ons** haasten. 우리는 서둘러야 한다.

2. 동사의 명령형

a. 명령형은 2인칭 단수 jij 혹은 복수 jullie에 대한 명령으로 동사의 어간으로 구성되며 jij, jullie는 생략된다.

Pak een pen! 펜을 들어라!
Doe gewoon. 평소대로 하라.
Ga zo **door**. 그렇게 계속하라.
Wees verstandig. (현명해라. **zijn**의 명령형은 '**wees**')

b. 분리동사의 명령형은 분리 전철이 문장의 맨뒤로 간다.

Eet de appel **op**! 사과를 다 먹어라!
Sta onmiddelijk **op** 즉시 일어서라!

c. 존칭 u에 대한 명령형은 직설법 2인칭 존칭 형태와 동일하며 u를 생략하지 않는다.

Gaat u zitten. 앉으시지요.
Doet u uw jas uit. 옷을 벗으시지요.

d. 부사 maar, eens, maar, toch, even, alstublieft/alsjeblieft를 넣어 부드러운 명령형으로 표현한다.

Zegt u het **maar**. 말씀좀 하시지요.
Loop **eens** door. 계속 걸어보시지요.
Ga **toch** zitten. 앉으세요.

3 단계

연습 문제

1. ________ 알맞은 재귀 대명사를 넣으시오.

(1) Ik herinner ________ die reis nog.
(2) Hij vergist ________ vaak.
(3) Zij schaamt ________ .
(4) Jij gedraagt ________ als kind.

2. 다음 단어로 명령형 문장을 만드시오.

(1) lezen/dat boek
(2) houden/dit geld
(3) uitnodigen/je broer
(4) opendoen/het raam
(5) binnenkomen/alstublieft

4 단계

표현 배우기

집(het huis)

de keuken(부엌)
de kinderkamer(아이들방)
de woonkamer(거실)
het balkon(발코니)
de slaapkamer(침실)
de gang(복도)
de badkamer(욕실)
de WC/het toilet(화장실)
de logeerkamer/werkkamer(손님방/작업실)

Les 18

In een flat

아파트에서

Fatos komt uit Istanbul.
파토스 꼼트 아위트 이스탄불

Zij heeft er gewerkt bij een chemisch bedrijf.
제이 헤이프트 어르 허베르크트 베이 언 헤미스 버드레이프

Daar hadden ze een groot huis.
다르 하던 서 언 흐로트 하위스

Nu woont ze met haar man en twee kinderen in Arnhem.
뉘 본트 서 메트 하르 만 엔 뚜베인 낀더런 인 아른헴

Hier wonen ze in een flat.
히어르 본넌 서 인 언 플래트

Ze moesten er wel aan wennen.
서 무스턴 어르 벨 안 벤넌

파토스는 이스탄불에서 왔습니다.
그는 화학회사에서 일을 했었습니다.
이스탄불에서 그녀는 큰 집을 갖고 있었습니다.
지금은 남편, 두 아이와 함께 아른헴에서 살고 있습니다.
여기에서는 아파트에 살고 있습니다.
그녀는 아파트 생활에 익숙해야 했습니다.

1 단계

단어익히기

• komen uit	…에서 오다	• Istanbul	이스탄불
• zij	그녀는	• werken	일하다
• er	거기에서	• bij een chemisch bedrijf	화학회사에서
• daar	거기에서	• groot	커다란
• het huis	집	• nu	지금
• wonen	살다	• met	…함께
• haar	그녀의	• de man	남편
• en	그리고	• twee	둘
• het kind	아이	• hier	여기에서
• in een flat	아파트에서	• moeten	해야한다
• wennen aan	적응하다		

2 단계

문법 배우기

er의 용법

er는 문장에서 다음과 같은 지시기능과 문법적 기능을 갖고 있다.

I. 형식주어 : 실질주어가 비특정의 의미를 나타내는 부정관사류가 붙은 경우

Er staat **een baan** voor haar in de krant.
신문에 그녀를 위한 일자리가 실려있다.
Er is vanavond **een mooie film** op de televisie.
오늘저녁 텔레비에 재미있는 프로가 있다.

Ⅱ. 장소부사(비강세)

Woon je al lang in Amsterdam?
오랫동안 암스텔담에서 살고 있니?

Ja, heel lang. Ik ben **er** namelijk geboren. (er = in Amsterdam)
그래, 아주 오래, 거기서 태어났어.

Ⅲ. 인칭대명사적 부사 : 사물을 인칭대명사로 지시할때

전치사+hem/haar (ze)/het/ze → er+전치사

* 단, 전치사 met는 mee로, tot는 toe로 전환

(Hij heeft een hond gekocht) Hij is **met de hond** gaan wandelen. (**met hem**) 그는 개를 데리고 산보를 했다.
→ Hij is **ermee** gaan wandelen.
(Toen ze bij het water kwamen,) dook hij meteen in **het water** (in het) 물가에 가자 즉시 그가 물속으로 뛰어들었다.
→ Toen dook hij **er** meteen **in**. 그때 그가 즉시 물속으로 뛰어들었다.

Ⅳ. 'er+수량(數量)를 나타냄 : 수량중의 일부를 지시한다.

Hoeveel kinderen heeft Fatos?
파토스는 아이들이 몇명이니?
Ze heeft **er twee**. (=kinderen)
둘이야.
Heeft Fatos ook broers?
퍼토스는 형제들도 있나?
Nee, ze heeft **er geen**. (=broers)
아니, 형제가 없어.

Ⅴ. 관용구 : Er+형용사+UIT ZIEN '…처럼 보인다'

Jullie woonkamer **ziet er** gezellig **uit**.
너희들 방은 아늑하게 보인다.
Simone **ziet er** sportief **uit**.
시몬은 스포티하게 보인다.

3 단계

연습 문제

* 다음 문장에서 이태릭체 부분을 'er+전치사'로 바꿔 쓰시오.

(1) De jongens zitten niet *op de sofa.*
(2) De hond ligt niet *op de grond.*
(3) Ik weet niets *van dat ongeluk.*

4 단계

표현 배우기

성격(karaktereigenschappen)

Wat voor type bent u?(어떤 유형이십니까?)

druk(부지런한)
grappig(유머스런)
optimistisch(낙천적)
stil(조용한)
serieus(진지한)
romantisch(낭만적)
netjes(깔끔한)
sportief(스포츠맨다운)
realistisch(현실적)
slordig(지저분한)
pessimistisch(비관적)
gevoelig(정이 있는)

Les

19 Mevrouw van Dijk

판 데이크 부인

Mevrouw van Dijk is vandaag naar Amsterdam geweest.
머프라우 반 데이크이스 판다흐 나르 암스테르담 허베이스트

Ze hoefde niet in de winkel te werken, omdat de winkel op
서 후프더 니트 인 더 빈껄 떠 베르껀 옴다트 더 빈껄 옵

donderdag altijd gesloten is.
돈더르다흐 알떼이트 허스톨런 이스

Ze wilde in Amsterdam nieuwe handdoeken en lakens gaan kopen.
서 빌더 인 암스테르담 니위어 한드두껀 엔 라껀스 한 꼬펀

Bovendien hadden de kinderen nieuw ondergoed nodig.
보펀딘 하던 더 낀더런 니위 온더르후트 노더흐

Maar aan het eind van de dag kwam ze met lege handen thuis.
마리 안 에인트 판 더 다흐 끄밤 서 멧트 레이허 한던 따위스

Waarom dat zo was, vertelt ze nu aan haar man.
바롬 다트 소 바스 페르뗄트 서 뉘 안 하르 만

판 데이크 부인은오늘 암스테르담에 다녀왔습니다.
그녀는 가게에서 일을 할 필요가 없습니다. 왜냐하면 목요일에 항상 가게가 닫힙니다.
그녀는 암스테르담에서 새 수건과 시트를 사려고 했습니다.
더나아가 아이들은 새 속옷이 필요했습니다.
그러나 해가 다 갈 때 빈 손으로 집으로 돌아 왔습니다.
그녀는 남편에게 왜 그렇게 되었는지를 말합니다.

1 단계

단어 익히기

• Mevrouw van Dijk	판데이크 부인	• vandaag	오늘
• naar	' '를 향해, …에		
• hoeven …. te	할 필요가 있다		
• in de winkel	가게에서	• werken	일하다
• omdat	왜냐하면	• de winkel	가게
• op donderdag	목요일에	• altijd	항상
• sluiten	닫다		
• willen	원하다, 하고 싶다		
• nieuw	새로운	• de handdoek	수건
• gaan kopen	사러가다		
• bovendien	더나아가, 게다가		
• het kind	아이	• het ondergoed	속옷
• hebben nodig	필요하다	• maar	그러나
• aan het eind van de dag	하루 해가 질 무렵		
• komen	오다	• met lege handen	빈손으로
• thuis	집에	• waarom	왜
• vertellen	말하다	• nu	지금
• aan haar man	남편에게		

2 단계

문법 배우기

1. 수동태 worden/zijn+door 목적격+과거분사

능동문의 주어는 수동문에서 '**door+목적격**'으로, 능동문의 목적어는 수동문의 주어가 되며 능동문의 동사는 수동문에서 수동 조동사 worden과 함께 '**worden+과거분사**'를 취한다.

수동문 완료형에서 조동사는 zijn을 취한다.

현재 Mijn zoon **leest** een leuk sprookje.

→ Een leuk sprookje **wordt** wordt door mijn zoon **gelezen**.

과거 Mijn zoon **las** een leuk sprookje.

→ Een leuk sprookje **werd** door mijn zoon **gelezen**.

미래 Mijn zoon **zal** een leuk sprookje **lezen**.

→ Een leuksprookje **zal** door mijn zoon gelezen worden.

현재완료 Mijn zoon **heeft** een leuk sprookje **gelezen**.

→ Een leuk sprookje **is** door mijn zoon g**elezen**.

과거완료 Mijn zoon **had** een leuk sprookje **gelezen**.

→ Een leuk sprookje **was** door mijn zoon **gelezen**.

미래완료 Mijn zoon **zal** een leuk sprookje **gelezen hebben**.

→ Een leuk sprookje **zal** door mijn zoon **gelezen zijn**.

2. 일반적으로 주어가 잘 아려진 경우에는「door+능동문」이 생략될 수 있다.

De brief wordt (door mij) geschreven.

3 단계

연습 문제

＊다음 문장을 수동문으로 바꾸시오.

(1) Hij maakte die foto's.

(2) Willem kocht die zeep.

4 단계

표현 배우기

신체(lichaam)

het haar(머리카락) het oog(눈) neus(코) mond(입) het oor(귀) kin(턱) hals(목) het hoofd(머리) borst(가슴) rug(허리) arm(팔) hand(손) vingers(손가락) buik(배) het been(다리) voet(발) teen(발가락) wang(뺨) tong(혀) elleboog(팔꿈치)

Les

20 Het eerste horloge

첫번째 손목시계

A: Heeft u een horloge dat op een batterij loopt?
헤이프트 위 언 호르로져 다트 옵 언 바떠레이 로프트

B: Ja, hier is het.
야 히어르 이스 어트

A: Dat is het horloge dat ik zoek.
다트 이스 어트 호르로져 다트 이크 주크

Wat kost dat?
밧 꼬스트 닷

B: Vijtig euro.
페이프터흐 유로

A: Ik neem het.
이크 네임 어트

B: Betaalt u contant?
버딸트 위 콘탄트

A: Ja, Dat is het eerste horloge dat ik in Nederland koop.
야 다트 이스 어트에이르스터 호르로져 닷 이크 인 네이더를란트 꼬프

B: Waar komt u vandaan?
바르 꼼트 위 판단

A: Uit Korea.
아위트 꼬레아

B: U bent de eerste Koreaan die iets bij ons koopt.
위 벤트 더 에이르스터 꼬레안 디 잇스 베이 온스 꼬프트

A: 건전지 손목시계있습니까?
B: 예, 여기 이것입니다.
A: 그것 제가 찾던 것입니다.
얼마지요?
B: 50유로입니다
A: 그걸로 주세요
B: 현금으로 지불하나요?
A: 예, 제가 네덜란드에서 사는 첫 번째 손목시계입니다.
B: 어디서 오셨나요?
A: 한국에서요.
B: 당신이 우리 가게에서 물건을 사는 첫 번째 한국사람입니다.

1 단계

단어익히기

- een horloge 손목시계
- ja 예
- zoeken 찾다
- vijftig euro 50유로
- betalen 지불하다
- kopen 사다
- uit …로부터
- op een batterij lopen 건전지로 가다
- hier is het. 여기 있습니다
- Wat kost dat? 얼마입니까?
- nemen 취하다
- contant 현금으로
- waar komt u vandaan? 어디서 오셨나요?
- de eerste Koreaan 첫 번째 한국인

2 단계

문법 배우기

1. 관계대명사

관계 대명사는 두 문장을 연결하는 접속사의 구실을 하는 대명사의 기능과 관계절(關係節)을 표시하는 기능을 아울러 갖는 문법요소(文法要素)를 말한다.

네덜란드어의 관계절에서 동사는 관계문의 맨 뒤에 위치한다.

die : 선행사(het antecedent)가 통성명사 단수와 모든 복수명사인 경우
dat : 선행사가 중성 단수명사인 경우

Naast ons wonen de mensen. Ze zijn aardig.
→ De mensen **die** naast ons wonen, zijn aardig.
우리 이웃에 사는 사람들은 상냥하다.
Het kind is nog nooit ziek geweest. Hij heeft nu griep.
→ Het kind, **dat** nog nooit ziek geweest is, heeft nu griep.
한번도 아프지 않았던 로베르트가 지금 독감에 걸렸다.

2. 관계대명사적 부사 : 전치사+wat/welk(e) → waar+전치사

관계대명사가 전치사와 결합될 때 선행사가 '사물(事物)' 을 뜻하는 경우에는 항상 'waar+전치사" 형태를 사용한다. waar와 전치사는 붙여쓰기도 하고 띄어 쓰기도 한다.

met die/dat ⇒ waarmee (waar......mee)
in die/dat ⇒ waarin (waar...in)
voor die/dat ⇒ waarvoor (waar...voor)

De stoel **waarop** je zit, heeft meer dan 3,000 euro gekost.
(=De stoel **waar** je **op** zit, heeft meer dan 3,000 euro gekost.)
네가 앉아 있는 의자는 3000 유로 이상나가는 의자이다.
De computer **waarmee** ik de laatste twee jaar gewerkt heb, is stuk.
(=De computer **waar** ik de laatste twee jaar **mee** gewerkt heb, is stuk.)
지난 2년동안 작업했던 컴퓨터가 고장났다.

3. 접속사

1) 등위접속사 : 어순에 영향을 받지 않는다.

en '그리고'

Hij en zijn vrouw zaten op de veranda.
그와 그의 아내가 베란다에 서있다.
Ik kwam uit Korea en zij kwam uit Japan.
나는 한국에서 왔고 그녀는 일본에서 왔다.

of '혹은'

Kom je voor mij of voor hem?
너는 나를 위해 온것이냐 그를 위해 온 것이냐?
Tom of Ilse gaat daar. 톰 혹은 일세가 거기에 간다.

maar '그러나'

Ik wil een huis kopen, maar ik heb niet genoeg geld.
나는 집을 사고 싶지만 돈이 충분하지 못하다.

want '왜냐하면'

Hij gaat naar bed want het is te laat.

그는 잠을 자러간다, 왜냐하면 너무 시간이 늦었기 때문이다.

2) 종속접속사 : 동사의 위치는 문장의 맨 뒤에 온다. : 접속사 S(주어)… + V(동사)

dat, 'that'

Ik kan niet begrijpen dat hij zegt.

나는 그가 얘기하는 것을 이해할 수 없다.

of '…. 인지 아닌지'

Kunt u me zeggen of de bus hier stopt?

여기에 버스가 정거하는지 말해 줄 수 있습니까?

als (…할 때에/…. 다면)

(1) 시간 : Als het acht uur is, wil ik even naar het journaal kijken.

8시가 되면 뉴스를 보고 싶다.

(2) 조건 : We gaan alleen wandelen als het mooi weer is.

날씨가 좋으면 산보를 한다.

terwijl '…. 하는 동안에/…. 하는 반면에'

Hij eet, terwijl hij de krant leest. 그는 신문을 보면서 식사를 한다

toen '…. 때에'

Toen ik klein was, woonde ik in Korea.

나는 어렸을 때는 한국에서 살았다.

hoewel '비록 …. 이지만'

Hoewel hij mij miljoen biedt, verkoop ik mijn huis niet.

그가 나에게 100만원을 준다해 내 집을 팔지 않는다.

alsof '마치 …인 것 처럼'

Hij keek alsof hij me niet begreep.

그는 마치 나를 이해하지 못한 것처럼 쳐다보았다.

omdat '때문에'

We kunnen het huis niet kopen, omdat het voor ons te duur is.
우리는 그집을 살수 없다, 왜냐하면 우리에게 너무 비싸기 때문이다.

zolang "…하는 한"

Zolang er nog leven is, is er hoop.
살아 있는 한 희망은 있다.

zodra "…하자마자"

Zodra ik mijn salaris heb, ga ik een nieuwe fiets kopen.
봉급을 받자마자 나는 새 자전거를 살 것이다.

3) 부사적 접속사

dus '그래서, 따라서'
Teun is nog wat ziek, dus hij komt vanavond niet.
퇸은 아직 아프다, 그래서 오늘 저녁에 오지 못한다.

4) 상관 접속사

niet alleen …. maar ook(…뿐만 아니라 …도)
Dit werk is niet alleen aangenaam, maar ook nuttig.
이일은 즐거운 일일뿐만 아니라 유익하다.

4. 전치사

aan Je moet aan je toekomst denken.
너는 너의 장래에 대해서 생각해야 한다.
De bus stopt aan de kant van de weg.
버스는 길가에 정지한다.

achter Mijn ring is achter de kast gevallen.
반지가 장 뒤로 떨어졌다.
Achter ons huis staat een schuur.
우리 집 뒤에 헛간이 있다.

bij	Hij stond te wachten bij het station. 그는 역에서 기다리고 있었다.
door	De discussie wordt geleid door de voorzitter. 토론은 의장에 의해 이끌어졌다. Hij kijkt door het raam. 그는 창문을 통해 쳐다본다.
in	Ik geloof in hem. 나는 그를 믿는다. Hij is in de kamer. 그는 방안에 있다. In de zomer gaat hij met vakantie. 여름에 그는 휴가를 간다. Hij heeft een brief in het Nederlands geschreven. 그는 네덜란드어로 편지를 썼다.
met	Wie gaan er allemaal met ons mee? 누가 우리와 함께 가느냐? Tegenwoordig doen ze dat werk met de machine. 오늘날 그들은 그 일을 기계로 한다.
na	Na een half uur begon het te regenen. 11시후에 비가 오기 시작했다.
naar	Ik luister naar de radio. 나는 라디오를 듣는다. Kom, we gaan naar huis. 자, 우리 집에 가자. We hebben de hele dag naar tv gkeken. 우리는 하루 종일 텔레비를 보았다.
op	Wij wachten op de trein. 우리는 기차를 기다린다. Er lopen veel mensen op straat. 거리에 많은 사람들이 걸어 간다. Op zondag gaat hij naar de kerk. 일요일에 그는 성당에 간다. Ze schreef haar brief op papier. 그녀는 종이위에 편지를 쓴다.
over	Over een maand vertrek ik naar Nederland. 한달 후에 나는 네덜란드로 떠난다.

	Het is kwart over zes. 6시15분이다.
te	De vergadering wordt gehouden te Amsterdam.
	회의는 암스텔담에서 개최된다.
	Zij begint te lachen.
	그녀는 웃기 시작한다.
	Je moet eten om te leven.
	살기위해 먹어야 한다.
uit	Hij pakte een kopje uit de kast.
	그는 컵을 찬장에서 꺼냈다.
	Anna keek uit het raam.
	안나가 창밖을 쳐다 보았다.
	Dit is een gebouw uit vorige eeuw.
	이 건물은 전 세기의 건물이다.
	Deze man komt uit Korea.
	이 남자는 한국에서 왔다.
van	We gaan van de zomer naar Korea.
	우리는 금년 여름에 한국에 간다.
	Dit is het huis van mijn ouders.
	이 집은 부모님의 집이다.
voor	Er staat een boom voor het huis.
	집앞에 나무 한 그루가 서 있다.
	Hoe laat is het? Het is vijf voor acht.
	몇시니? 8시 5분전이다.
	Ik heb wat vlees voor de kat gekocht.
	나는 고양이를 위해 고기를 샀다.

3 단계

연습 문제

1. ________에 관계대명사 die 혹은 dat를 넣으시오.

(1) Dit is de brief ________ ik heb geschreven.
(2) Dit is het boek ________ ik wil hebben.

2. 두 문장을 ( ) 접속사로 연결하시오.

(1) Hij blijft vandaag thuis. Hij is ziek. (omdat)
(2) Het regent morgen. Ik blijf thuis. (als)

4 단계

표현 배우기

색깔(Kleur)
roze(장미빛) groen(초록) geel(노랑) bruin(갈색) beige(베이지)
lichtblauw(옅은하늘색) donkerblauw(짙은하늘색) rood(빨강)
oranje(오렌지색) wit(흰색) zwart(검정색)

가구(meubels)
lamp(등) boekenkast(책장) bank(소파) het bureau(책상)
de stoel(의자) kast(장) tafel(탁자) het vloerkleed(카페트)
het bed(침대) bijzettafel(보조 탁자)

Les 21

Dag!

안녕!

Dag! (안녕)

– Dag!	안녕!
– Hoe heet u/je?/Wat is uw naam?	이름이 무엇인가요?
– Linda. En jij?	린다예요, 당신은요?
– Ik heet Hans.	한스입니다.
– Mijn naam is Ji-Ho Kim.	내 이름은 김지호입니다
– Prettig met u kennis te maken.	만나서 반가워요.
– Ik ben Hendrik.	나는 핸드릭입니다.
– Hoe spelt u/spel je dat?	이름의 철자가 어떻게 되나요?
Kunt u/Kun je spellen?	
– H, E, N, D, R, I, K	

Waar komt u/kom je vandaan? (어디서 오셨나요?)

– Waar komt u/kom je vandaan?	어디서 요셨나요?
Uit welk land kom je?	어느나라에서 오셨나요?
– Ik kom uit Korea.	한국에서 왔어요.
– En jij/u?	당신은요?
– Ik kom uit Engeland.	영국에서 왔어요.
– Kom jij ook uit Korea?	당신도 한국에서 왔나요?

– Nee, uit Japan.	아닙니다, 일본에서 왔어요.

Waar woon je?

– Waar woon je?	어디에 사시나요?
– In Rotterdam.	로테르담에서요.
– Woont u in de Fabriekstraat?	파브릭거리에 사시나요?
– Ja	예.
– Op welk nummer woont u?	몇 번지요?
– Ik woon op 50.	50번지 입니다.

Hoe maakt u het? (어떻게 지내세요?)

– Goedemorgen, meneer Vadenputte?	안녕하세요, 파덴푸터씨?
– Goedemiddag, mevrouw Hoorntje?	안녕하세요, 호른쪄부인?
– Hoe maakt u het?	어떻게 지내시나요?
– Goed, dank u. En u?	잘 지내고 있습니다, 당신은요?
– Uitstekend, dank u.	아주 잘 지내고 있어요, 감사합니다.

표현배우기

네덜란드인들의 이름은 Jos de Beer처럼 이름(voornaam)이 먼저오고 성(achternaam)이 뒤온다. 이름을 말할 때 공식적인 경우를 제외하고는 보통 이름(voornaam)을 말한다.

이름이 어떻게 되십니까?	Hoe heet u?/Wat is uw naam?
제 이름은 …입니다.	Ik heet....... (성)
이름이 어떻게되요?	Hoe heet je?
내 이름은 …입니다.	Ik heet....... (이름)
어디서 오셨나요?	Waar komt u/kom je vandaan?
어느 나라에서 왔습니까?	Uit welk land komt u/komje?
...에서 왔습니다.	Ik kom uit.......
어디 사십니까?	Waar woont u/Waar woon je?
...에 살고 있습니다.	Ik woon in........
몇 번지에 사시나요?	Op welk nummer woont u/woon je?
...번지에 살고 있습니다.	IK woon op......
어떻게 지내세요?(비공식적)	Hoe gaat/is met je/jou/u?
잘 지내요.	Goed.
	Goed, danku/dank je
	Goed, en met u/jou?
	Uitstekend, dank u/dank je.
어떻게 지내십니까?(공식적)	Hoe maakt u het?

개인 신상

이름

de naam : de voornaam(이름), de achternaam(성)

출생국가	het geboorteland
출생지	de geboorteplaats
생년월일	de geboortedatum
주소	het adres

거주지	de woonlplaats
우편번호	de postcode
전화번호	het telefoonnummer
휴대폰	de mobile
국적	de nationaliteit
미혼	ongehuwd
이혼	gescheiden
기혼	gehuwd
동거	samenwonend
성(性)	het geslacht
직업	het beroep
자동차번호	de kenteken van de auto

Les 22

In de stad

시내에서

In de stad (시내에서)

– Ik heb trek in een broodje.	빵이 먹고 싶어요.
– Ik ook.	저도요.
– Zullen we even een broodje kopen?	빵을 사러 갈까요?
– Ja, goed.	좋아요.
– Zullen we ergens koffie drinken?	어디가서 커피를 마실까요?
– Goed, maar waar?	좋아요, 그런데 어디서요?
– Laten we naar café Bos gaan?	Bos 카페로 갑시다.
– Okee.	좋아요.

– Ga je mee naar de film?	영화 보러 갈래요?
– Ja, graag. Wanneer?	좋아요, 언제요?
– Zaterdag.	토요일에요.
– Okee.	좋아요.
– Zal ik kaartjes bestellen?	표를 예매할까요?

Bij een vriend (친구집에)

– Ik ben morgen jarig.	나 내일 생일이다.
Heb je zin om te komen?	오겠니?
– Ja, leuk.	그래, 좋아.
Wanneer? 's Morgens, 's middags, 's avonds?	언제니? 아침, 오후, 저녁?
– 's Avonds.	저녁때야.
– Nodig je veel mensen uit?	사람들 많이 초대하니?
– Ja, heel veel.	그래, 많이.
– Tot morgenavond dan.	그럼 내일저녁에 보자.
– Tot ziens.	그래 그때 보자.

표현배우기

우리 ...할까?	Zullen we .....?
...할 생각있니?	Hebt u/heb je zin om ......
좋아	Ja, goed/leuk/graag
	Okee

헤어질 때

안녕, 또 봐!	Totziens!
	Dag!
...에 보자	
	Tot morgen/vanavond/volgende week 등

하루 일과

06.00 uur – 18.00 uur (낮)	de dag	vandaag	overdag
09.00 uur – 12.00 uur (아침)	de morgen	vanmorgen	's morgens
	de ochtend	vanochtend	's ochtends
12.00 uur – 18.00 uur (낮)	de middag	vanmiddag	's middags
18.00 uur – 24.00 uur (저녁)	de avond	vanavond	's avonds
24.00 uur – 06.00 uur (밤)	de nacht	vannacht	's nachts

Les 23

In een café

카페에서

In een café

– Mogen we bestellen?	주문할까요?
– Ik kom zo bij u, meneer.	손님, 곧 갈께요.
– Wat nemen jullie?	무얼 드시겠습니까?
– Een spa.	스파요.
– En jij?	너는?
– Ik neem een broodje.	빵을 먹겠어.
Of nee, liever een tosti.	아니 토스트를 먹겠어.
– Heb je honger?	배고프니?
– Ja, jij niet?	그래, 너는 배 안고파?
– Nee, ik heb dorst.	그래, 난 목이 말라.
Geef mij maar een pilsje	맥주 한잔 주세요.
– Zegt u het maar.	말씀하세요.
– Een spa, een tosti	스파하나, 토스트 하나
en een pils, alstublieft.	그리고 맥주 한잔요.
– Tosti ham/kaas?	햄과 치즈곁들인 토스트로 하시겠어요?
– Alstublieft.	예, 그렇게 해 주세요.
– Proost!	건배!
– Ja, Proost!	그래, 건배!
– Wat nemen jullie?	너희들 무얼 먹을래?
– Ik weet het niet.	모르겠어.
– Hebben ze hier een dagschotel?	이 카페 오늘의 메뉴가 있나?

– Even vragen.	한번 물어보자.
– Hebt u een dagschotel?	오늘의 메뉴 있나요?
– Ja, vis met friet en sla.	예, 생선, 감자튀김 그리고 샐러드입니다.
– Wat voor vis?	어떤 생선인가요?
– Kabeljauw, heerlijk, meneer.	대구예요, 아주 맛있지요, 손님.
– Zullen we dat doen?	우리 그걸로 할까?
– Alstublieft, vier dagschotels.	예, 오늘의 메뉴 4개 주세요.
– Dank u wel.	감사합니다.
– Eet u smakelijk.	맛있게 드십시요.
– Bedankt.	고마워요.
– We willen graag iets eten.	무엇좀 먹고 싶은데요.
– Dat kan, meneer. We hebben soep : tomatensoep, groentesoep, champignonsoep. En we hebben broodjes : ham, kaas, rosbief, lever, ei en croquet.	예,드실 수 있습니다. 토마토수프, 야채수프, 버섯 수프가 있습니다. 그리고 햄, 치즈, 로스비프, 간, 계란, 크로케를 넣은 빵도 있습니다.
– Sorry, maar kunt u wat langzamer praten?	죄송합니다, 좀 천천히 말해주세요.
– Goedeavond, kunnen we hier eten?	안녕하세요, 여기서 식사할 수 있나요?
– Hebt u gereserveerd?	예약하셨나요?
– Nee.	아니요.
– Dan moet u even wachten.	그러면 좀 기다리셔야 합니다.
– Wat doen we?	어떻게 할까?
– Het maakt mij niet uit. Zeggen jullie het maar.	난 괜찮은데 너희들은 어떠니?
– Zullen we wachten?	우리 기다릴까?
– Ja, goed.	좋아.

표현배우기

우리 무엇좀 ...할까? Wilt u/Wil je iets.....?

무엇을 ... 하실래요? Wat wilt u/wil je....?

나는 ...으로 할래요. Ik neem.....

Voor mij.......

Geef mij maar....

Ik heb liever......

그것은 싫어요. hetmaakt mij niet uit

됐어요, 안할래요. O, dat geeft niet

(주문할 때)

말씀하세요! Zegt u het maar!

...있나요? Hebt u/Heb je.....?

Mag ik......?

Les 24

Aan de kassa van een theater

극장 매표소에서

– Ik wil graag twee kaarten voor Het Nederlands Danstheater.	네덜란드국립발레팀 티켓주세요.
– Voor welke voorstelling?	어떤 공연인가요?
– Voor donderdagavond.	목요일저녁요.
– Kunt u wat harder praten?	좀 크게 말씀하세요
– Donderdagavond.	목요일저녁요.
– Donderdag is alles uitverkocht, meneer.	목요일저녁표는 매진인데요.
– En op andere dagen?	다른 날은요?
Ik heb nog wel een paar plaatsen voor u op 12, 13 en 14 oktober.	10월 12, 13, 14일 것은 있습니다.
– Hm, wanneer hebt u de beste plaatsen?	언제것이 가장 좋은 좌석인가요?
– Op 13 oktober.	10월13일요.
– Wat kosten die?	얼마인가요?
– Dertig euro per persoon.	1인당 30유로입니다.
– Wat duur!	너무 비싸군요.
– Ja, de beste plaatsen zijn natuurlijk ook het duurst.	예, 가장 좋은 좌석이 가장 비싸지요
– Hebt u ze niet een beetje goedkoper?	좀 싼 티켓은 없나요?
– Dan krijg t u de slechtste plaatsen, voor vijftien euro.	가장 좋지 않은 좌석은 15 유로입니다.
– Nee, doet u maar twee van dertien.	아닙니다. 13일표로 주세요
– Dat wordt dan zestig euro.	60유로가 되겠습니다.

In een groentewinkel (채소가게에서)

– Wie is er aan de beurt?	다음차례는 누구인가요?.
– Ik. Mag ik een kilo druiven?	접니다, 포도 1킬로주세요.
– Wilt u witte of blauwe?	흰 포도요, 청포도요?
– Hoe duur zijn ze?	얼마인가요?
– De witte zijn € 1.98 een kilo en de blauwe € 2.25.	흰포도는 킬로당 1유로 98센트이고 청포도는 2유로 25센트입니다.
– Zijn de witte zoet?	흰포도 맛은 달은가요?
– Ja. mevrouw, ze zijn heerlijk.	예, 아주 맛있습니다.
– Geeft u daar maar een kilo van.	흰포도 1킬로 주세요.
– Anders nog iets?	또 필요한 것 없으세요?
– Twee paprika's.	파프리카 2개요
– Rood, geel of groen?	붉은 것, 노란 것 푸른거 어떤거요?
– Rode graag.	붉은 것으로요.
– Dat was het?	이게 전부인가요?
– Ja,	예,
– Dat is dan € 3, 96 bij elkaar.	전부해서 3유로 96센트입니다.
– Alstublieft.	여기있습니다.
– Dank u wel.	감사합니다.

표현배우기

(가게에서)

누구 차례인가요?	Wie is er aan de beurt?
말씀하시지요!	Zegt u het maar, mevrouw!
필요한 것 다른 것 없나요?	Anders nog niet?
이게 전부인가요?	Dat was het?
...주세요?	Mag ik.....?
	Ik wil graag.......

Les 25

In een schoenenwinkel

신발가게에서

– Goedemorgen.	안녕하세요.
– Goedemorgen, mevrouw.	안녕하세요, 부인.
– Verkoopt u sportschoenen?	스포츠화있나요?
– Ja, hoor. Welke maat heeft u?	예, 칫수가 어떻게되지요?
– Maat 40.	40입니다.
– Ik zal even iets voor u halen.	신발을 가져오겠습니다.
Hoe vindt u deze?	이 신발어떤가요?
– O, wel aardig.	아, 멋지네요.
– En die?	그것은요?
– Die vind ik leuker.	그 신발이 더 멋지네요.
– Trekt u ze maar even aan.	한번 신어보세요.
Zitten ze goed?	잘맞나요?
– Ze zijn een beetje smal.	너무 폭이 좁네요.
– Heeft u ze misschien een maat groter?	한 칫수 더 큰 것 있나요?
– O, wat jammer.	지송합니다
– Ik heb hier nog wel een ander paar, maat 41.	여기에 다른 종류의 칫수 41짜리가 있습니다.

Probeert u die eens.	한번 신어보시지요.
– Die zitten veel beter.	그 신발 더 잘 어울리네요.
– En hoe vindt u deze?	이것은 어때요?
– Ik vind ze niet zo mooi.	별로 좋지 않네요.
Die andere zijn mooier.	그것이 더 좋아요.
– Wat kosten ze eigenlijk?	얼마예요?
– €60.	60유로입니다.
– O, dat valt mee.	그 신발이 맘에 들어요.
– Doet u deze maar.	이것으로 하시지요.

In het warenhuis (백화점에서)

– Meneer?	여보세요?
– Zegt u het maar, mevrouw.	예, 말씀하세요.
– Ik zoek een spijkerbroek.	청바지를 찾는데요.
Waar kan ik die vinden?	어디서 살 수 있나요?
– Dan moet u op de eerste verdieping zijn.	2층으로 가세요.
– Ah, dank u wel.	예, 감사합니다.
– Mevrouw, is deze groot genoeg voor mij?	부인 이 청바지 크기가 나한테 너무 크지요?
– Welke maat draagt u?	칫수가 어떻게 되나요?
– Maat 42.	42입니다.
– Dan moet u deze hebben.	그러면 이것을 입어야 합니다.
– Mag ik deze twee even passen?	이 두 개 한번 입어볼까요?
– Ja. natuurlijk.	예, 그럼요.
– Ze zijn allebei goed, hè?	둘다 잘 어울리네요.
– Nee, ik vind deze niet goed :	이 것은 별로예요,
hij is te lang.	너무 길어요.
Ik neem die andere.	다른 것으로 하겠어요.

표현배우기

이것 어때요?	Hoe vindt u deze?
마음에 들어요.	Het/Dat valt mee.
마음에 안들어요	Ik vind dat niet goed
얼마인가요?	Wat kost/kosten......?
	Hoeveel kost/kosten......?
	Hoe duur is/zijn.......
가격이 ...입니다.	Die/Dat is.......
무게가 얼마 나가나요?	Hoeveel weegt/wegen
크기가 얼마인가요?	Hoe groot is....?
길이가 얼마인가요?	Hoe lang is.....?
넓이가 얼마인가요?	Hoe breed.....?

Les 26

Op straat

길에서

– Pardon mevrouw, mag ik u iets vragen?	부인, 실례합니다, 말좀 묻겠습니다.
– Ja, hoor.	예.
– Weet u waar de Karnemelkstraat is?	카르너멜크거리가 어디인가요?
– Nee, mevrouw, het spijt me.	죄송합니다.
Ik woon hier niet.	여기에 살고 있지 않아요.
– O, jammer.	아, 그러세요
– Pardon meneer, bent u hier bekend?	아저씨, 이곳 지리를 잘 아시나요?
Ik zoek de Karnemelkstraat.	카르너멜크거리를 찾고 있는데요.
– De Karnemelkstraat, eens even kijken. Het moet hier ergens in de buurt zijn.	카르너멜크거리라, 이곳 근처인데....
Ja, u loopt hier rechtdoor tot de hoek van deze straat.	아, 여기서 이길 끝까지 똑바로 가세요.
Ziet u de stoplichten daar?	저기 신호등 보이시지요?
– Ja.	예.
– Bij de stoplichten steekt u over.	신호등에서 길을 건너세요.
U gaat linksaf. En dan is het de eerste straat aan uw rechterhand.	그리고 왼쪽으로 가시면 당신쪽 오른쪽 첫 번째 거리입니다.
– Dus tot aan de stoplichten rechtdoor.	신호등까지 직진한후
Oversteken, linksaf en dan de eerste straat rechts?	길을 거너서 왼쪽으로 오른쪽 첫 번째 거리인가요.
– Precies.	정확합니다.
– Dank u wel, meneer.	감사합니다.
– Graag gedaan.	천만에요.

Op het station (기차역에서)

– Retour Haarlem, alstublieft.	하르렘왕복표 주세요.
– Waarnaartoe, Arnhem?	어디요, 아른헴요?
– Nee, Haarlem.	아니요, 하르렘요
– €20, alstublieft.	20유로입니다.
– Hoe laat gaat de trein naar Haarlem?	하르렘행 기차 몇시에 있나요?
– Elk half uur.	30분마다요.
– Elk half uur zegt u?	매 30분마다라고요?
– Ja, om kwart voor en kwart over.	예, 매시간 15분과 45분에요.
Dus de volgende trein is om kwart voor tien?	그러니 다음기차는 9시 45분에 있습니다.
– Ja, maar die haalt u niet meer.	예, 그 기차는 타지 못하겠네요.
U moet wachten tot kwart over tien.	10시 15분차를 기다려야 합니다
– En van welk spoor vertrekt de trein?	그 기차는 몇번 홈에서 출발하나요?
– Spoor 7A	홈 7A 홈에서요
– Van welk spoor?	몇 번 홈에서요?
– Spoor 7A	홈 7A 홈에서요.
– Dank u wel.	감사합니다.
– Tot uw dienst, meneer.	천만에요.

In de tram (전차에서)

– Meneer, mag ik even uw plaatsbewijs zien?	좌석티켓좀 보여주세요.
– Wat zegt u?	뭐라고요?
– Uw plaatsbewijs, uw kaartje.	티켓요.
– Moment...., alstublieft.	잠간만요...
– Dank u wel. Waar bent u ingestapt?	감사합니다. 어디서 타셨지요?
– In Slotmeer.	스롯트메이르에서요.

– En u gaat naar het Centraal Station?	중앙역을 가시나요?
– Ja.	예.
– Dan hebt u een zone te weinig gestempeld.	그러면 한 구역 덜 찍으셨습니다.
– Neemt u me niet kwalijk,	죄송합니다.
maar wat bedoelt u?	얼마를 비불해야죠?
– Van Slotmeer naar het	스롯트메이르에서 중앙역까지는\
Centraal Station is twee zones.	두 구역입니다.
– Dat is toch één zone?	한 구역이잖아요.
– Nee, meneer, twee zones.	아닙니다, 두 지역입니다.
En u hebt u maar één zone afgestempeld.	한지역 덜 찍으셨습니다.
– O, sorry, dan zal ik er nog een	죄송합니다.
zone bij doen.	그러면 한 구역 더 찍겠습니다.
– Nee, u bent nu te laat. U moet	안됩니다, 너무 늦으셨어요.
€ 26 betalen.	26유로 내셔야 합니다.
– € 26? Dat heb ik niet bij me.	26유로요? 돈이 없는데요.
– Kunt u zich legimiteren?	신분증있으세요?
– Ik heb een rijbewijs bij me.	운전면허증있습니다.
– Mag ik dat even zien?	그것 잠시 볼까요?
– Alstublieft.	여기 있습니다.
– Dank u wel. Met dit formulier	감사합니다.
moet u binnen een week	이서류와 함께 일주일내로
€ 26 betalen.	26유로를 지불하셔야 합니다.
– Binnen een week?	일주일안으로요?
– Ja, anders kost het u € 40.	예, 그렇지 않으면 40유로를 물어야 합니다.
– Waar moet ik dat betalen?	어디에다 지불해야하나요?
– Kijk, hier staat het adres.	자, 여기 주소가 있습니다.
Nou, vooruit dan maar.	됐습니다, 계속 가세요.

표현배우기

실례합니다,	Pardon, mevrouw/meneer
말좀물을까요?	Mag ik u iets vragen?
…인지 아십니까?	Weet u waar ...... is?
이곳을 잘 아십니까?	Bent u hier bekend?
곧장/왼쪽으로/오른쪽으로 가세요	U gaat rechtdoor/linksaf/rechtsaf
….까지 가세요.	U gaat/loopt tot ......
왼쪽에/오른쪽에 있습니다	Het/Dat is aan uw linker/rechterhand Het/Dat is aan de linker/rechterkant
천만에요.	Graag gedaan./Tot uw dienst
죄송합니다.	Pardon/Sorry Neemt u me/Neem me niet kwalijk het spijt me

Les 27

De PTT : Posterijen, Telegrafie en Telefonie

우체국

– Ik wil een pakje versturen naar België. Wanneer komt het daar aan?	벨기에로 사나를 부치려는데요. 언제 도착하나요?
– Eh ... het is nu dinsdag, dat wordt donderdag mevrouw.	에, 지금이 화요일이니까, 목요일에 도착합니다.
– Dat is te laat. Kan het niet sneller?	너무 늦네요. 더 빠를 수 없나요?
– Jawel, maar dan moet u het per expres versturen.	예, 그러면 특급으로 부쳐야 합니다.
Dan is het er morgenmiddag.	그러면 내일 아침에 도착합니다.
– Hoeveel kost dat?	얼마지요?
– Even kijken,	잠깐요,
Het pakje weegt 300 gram.	300그램 나가니까.
Dat kost €5- extra.	5유로입니다.
– Goed, doet u dat maar.	좋네요, 그렇게 해 주세요
Ik wilde u nog iets vragen.	다른것좀 묻겠습니다.
Ik ga verhuizen.	제가 이사를 갑니다.
Kunt u mijn post doorsturen naar mijn nieuwe adres?	새 주소로 우편물을 보내줄수 있나요?
– Jazeker, dat kan. U moet een	물론이지요,
'verhuisbericht' invullen.	'이사통지' 서류를 기입하세요.
De Post stuurt dan drie	그러면 3개월 동안
maanden uw post door.	새주소로로 우편물이 갑니다.
– Zou u me zo'n formulier kunnen geven?	그 서류 양식을 주세요.
– Ze liggen daar. U kunt ze	

zo pakken.	저기 있습니다.
– Dank u wel.	감사합니다.

Opbellen, Telefoneren (전화)

A.

– Jan Peter.	얀 페이터입니다.
– Dag Jan Peter, met Joan	안녕, 페이터, 요안이다.
Is je moeder thuis?	어머니 집에 있니?
– Momentje, Mam telefoon voor je.	잠깐요, 엄마, 전화왔어요.
– Wilma de Waard.	빌마입니다.
– Dag Wilma. met Joan.	안녕하세요, 요안입니다.
– Ha, Joan	아, 요안

B.

– Met Veenstra.	페인스트라입니다.
– Met wie zegt u?	누구신지요?
– Met Veenstra.	페인스트라입니다.
– O, neemt u me niet kwalijk.	죄송합니다.
Dan heb ik een verkeerd	
nummer gedraaid.	전화 잘못 걸었네요.
– Wie moet u hebben?	누구를 찾으세요?
– Maria Prins.	마리아 프린스입니다.
– Ja, dat klopt. Die woont hier ook.	맞는데요. 그분여기에서 살고 있어요.
– Kan ik haar even spreken?	그분과 잠시 통하를 할 수 있을까요.
– Ja, hoor, ik zal haar even roepen.	예, 그분을 대 드리겠습니다.

C.

– Inlichtingen, goedemiddag	전화번호 안내입니다 .
– Dag, Ik wou graag een telefoonnummer in Utrecht. Van Bommelstein	안녕하세요, 위트레흐트에 사는 판 보멀스테인씨 전화번호를 알고 싶습니다.
– Wat is het adres?	주소가 어떻게 되나요?
– Domstraat 87?	돔거리 87입니다.
– L.C. Bommelstein?	L.C. Bommelstein요?
– Ja, dat klopt.	예, 맞습니다.
– Het nummer is 030-869045.	030 869045입니다.
– Dank u wel	감사합니다.
– Tot uw dienst.	천만에요.
– Dag.	안녕히 계세요.

Bij de bank (은행에서)

– Goedemorgen. Ik wil graag €250,- opnemen van mijn rekening.	안녕하세요, 구좌에서 250유로 인출하려합니다.
– Hebt u hier een rekening?	여기에 구좌가 있나요?
– Nee, bij een ander filiaal.	아니요, 다른 지점에 있습니다.
– Hebt u een legimitatie?	신분증있으시지요?
– Mijn betaalpasje, is dat goed?	통장있는데요, 됩니까?
– Nee, paspoort of rijbewijs graag.	아니요, 여권이나 운점면하증을 주세요.
– O, dat heb ik niet bij me. Kunt u het zo niet geven? Nee, dat gaat niet.	아, 갖고 있지 않습니다. 지불해 줄수 없나요? 예, 안되겠는데요.

표현배우기

신청 양식 한 장 주시겠어요?	Kunt u een formulier kunnen geven?
(전화에서)	
…입니다	Dag, met….. (이름)
	U spreekt met….. (이름)
…와 통화할 수 있나요?	Kan ik…. (이름) even spreken?
…집에 있나요?	Is…… (이름) thuis?
현금지급기(ATM)	pinautomaat
현금인출카드	pinpas
현금자동인출기에서 인출하다	pinnen
신용카드	creditcard
카드로 계산하다	crediteren

Les 28

Computer

컴퓨터

– Zeg, mag ik je even iets vragen?	자, 뭣좀 물어볼까?
Jij weet toch veel van computers, hé?	너, 컴퓨터에 대해 잘 알지?
– Nou, nee hoor, dat is niet zo.	아니야, 그렇지 않아.
Ga jij een computer kopen?	컴퓨터 살려고?
– Ja, ik heb een goedkope aanbieding in de krant gezien.	그래, 신문에서 싼 컴퓨터가 났어.
– Wat voor computer is het?	어떤 종류의 컴퓨터인데?
– O, Het is een leptopcomputer voor € 1.500.	1500유로의 노트북이야.
– Nieuw?	새 컴퓨터니?
– Nee, tweedehands.	아니야, 중고야.
– Moet je niet doen.	사서는 안돼.
– Nee? waarom niet?	왜 안돼니?
– Veel te duur, joh.	너무 비싸.
– Ja? Nou, dat denk ik niet, hoor.	그래, 난 그렇게 생각하지 않아.
– Ja, kijk, volgens mij kun je zoiets veel goedkoper krijgen.	내생각으로 더 싼 컴퓨터를 살 수 있을꺼야.

Op zoek naar een kamer (방을 구하기)

– Zeg, die kamer waar je het laatst over had, is dat nog wat geworden?	요즈음 네가 말한 그 방 어떻게 되었니?
– In de Paramastraat, bedoel je?	파라마거리에 있는 거?
O nee, dat viel erg tegen.	아, 그거 마음에 들지 않았어.
– Hoezo, was het een kleine	

kamer?	왜, 방이 작니?
– Nou, dat viel nog wel mee, hij was vier bij vijf.	응, 마음에 들었으나 크기가 4×5 였어.
– Was het een zolderkamer?	다락방이었니?
– Nee, het was een kamer op de begane grond, naast de keuken. Maar er was veel te weinig licht, vond ik.	아니, 1층 부엌옆방이었는데 햇빛이 너무 들지않은 것 같았어.
– En je had zeker geen douche?	샤워시설 있었겠지?
– Ja, toch wel, ze hadden een soort douchecabine in de keuken gemaakt.	그래, 그러나 부엌에 칸막이로 샤워시설을 만들어 놓았어.
– En die kamer lag naast de keuken?	그 방이 부엌옆에 있었니?
Dat is een voordeel.	그것은 좋은점이 있는 거야.
– Ik vind het juist een nadeel. Je hoort dan alle geluiden uit de keuken.	나는 그것이 나쁜점이라고 생각하는데 부엌의 온갖 소리를 다 들어야하니까.
– Ja, daar heb je gelijk in.	네 말이 맞다.
Hoeveel was de huur eigenlijk	값은 얼마인데?
– € 450 per maand.	월 450유로야.
– Belachelijk! Dat is toch veel te duur!	말도 안돼! 그렇게 비싸다니!
Gas en licht inbegrepen?	가스, 전기 포함해서?
– Ja, het was all-in, maar ik vind het ook te duur.	그래, 모든 것 다 포함되었어, 그러나 너무 비싼 것 같아.
– En nu?	그래, 지금 어떻게하고 있니?
– Ik ga maar weer verder zoeken.	계속 방을 찾아볼려구.

Bij het ziekenhuis (병원에서)

– Hé, hallo Michel, tijd niet gezien, zeg.	안녕, 미쉘, 오래동안 못봤어.

Hoe gaat het ermee?	어떻게 지내니?
– Goed, dank je.	잘지내고 있어, 고마워.
– En met Andrea?	안드레아도 잘있고?
– Nou, niet zo goed.	아니야, 그렇지 못해.
Ze ligt al een paar weken in het	안드레아 지금몇주째
ziekenhuis.	병원에 입원중이야.
– O ja? Wat scheelt haar?	그래? 무슨일인데?
– Ze heeft een ongeluk gehad.	교통사고를 당했어.
Ze ging even boodschappen	
doen op de fiets en toen heeft	자전거를 타고 장을 보러가다가
een auto haar aangereden.	자동차에 치었어.
Die man keek niet goed uit.	자동차 운전사가 앞을 잘 보지 못했어.
– Wat vreselijk! Wat had ze?	아이 저런! 안드레아는 어떻게 되었어?
– Een gebroken been en verder	
een flinke wond aan haar hoofd.	다리가 부러지고 머리에 상처를 입었어.
– Wat hebben ze gedaan?	병원에서 어떻게 했어?
– Ze hebben haar geopereerd en	
een plaat in het been gezet.	수술을 하고 발에 기부스를 댔어.
Ze heeft heel veel pijn gehad.	안드레아가 아주 아파했어.
– Moet ze nog lang in het	
ziekenhuis blijven?	병원에 더 입원해야하니?
Ik hoop dat ze volgende week	다음주에 퇴원에서
weer thuiskomt.	다시 집에 갔으면 좋겠구나.
– Wens haar in ieder geval	
beterschap van me.	아무튼 쾌유를 빈다고 전해줘.
– Dat zal ik doen.	그래, 전해줄께.
– En jij ook het beste, Michel.	미쉘, 너도 잘지내.
– Bedankt. En de groeten aan	
Robert.	고마워, 로베르트에도 안부전해줘.
– Zal ik doen. Dag	그래, 전할게, 잘있어.

표현배우기

무슨일 있었어?	Wat hebt u/heb je?
	Wat scheelt haar/hem?
교통사고를 당했다.	Hij heeft een ongeluk gehad.
진심으로 쾌유를 빌어!	Wens hem/haar harte beterschap!
다음 주에 퇴원하길 바래	Ik hoop dat ze volgende week weer thuis.
현기증으로 고생하다	Ik heb last van duizeligheid.
머리가 아프다	Ik heb pijn in mijn hoofd.

부록

꿩먹고 알먹는 네덜란드어 첫걸음

1. 연습문제 정답
2. 강변화 및 불규칙 동사 변화표
3. 네-한 기본어휘
4. 단어집
5. 색인(찾기)

1. 연습문제 정답

1

1. is 2. is 3. zijn 4. is 5. heb

2

1. (1) speel (2) luistert (3) Kijkt
   (4) Rook (5) staat

3

1. (1) de (2) de (3) de (4) de (5) Het
2. (1) de bananen (2) de vaders
   (3) de mannen (4) de zetels
   (5) de schepen (6) de kinderen

4

1. (1) vijfendertig
   (2) vierhonderd zevenenvijftig
   (3) honderd negenentachtig
   (4) tweeduizend vijfhonderd drieënzestig
   (5) negenentachtigste
   (6) Het is tien uur.

5

1. (1) mij 혹은 me (2) ons (3) hem
   (4) jou 혹은 je (5) mijn

6

1. (1) Hier wonen wij.
   (2) Helaas ben ik leraar.
   (3) Nu zet zij koffie.
   (4) Korea ken ik niet.
   (5) Elke dag gaat Tom naar Rotterdam.
2. (1) dit/dat bed
   (2) deze/die vogel
   (3) dit/dat fornuis
   (4) dit/dat huis
   (5) dit/dat kantoor

7

1. (1) woonde (2) werkte (3) had
   (4) waren (5) speelde

8

1. (1) is (2) Heeft (3) ben
   (4) heeft (5) hebben
2. (1) Hij heeft in Seoul gewoond.
   (2) Wij zijn naar school gefiest.
   (3) Zij heeft met Wim gepraat.
   (4) Moeder heeft het eten gekookt.
   (5) Ik heb dat heel mooi gevonden.

9

1. (1) Ik moet vandaag zwemmen.
   (2) Hij wil een nieuwe auto kopen.
   (3) Mag ik even met Piet spreken?
   (4) Kan ik u helpen?

10

1.

과거단수	과거복수	과거분사
stond op	stonden op	opgestaan

nodigde uit	nodigden uit	uitgenodigd
gaf uit	gaven uit	uitgegeven
beloofde	beloofden	beloofd
ging mee	gingen mee	meegegaan

11

1. het vadertje het broertje het dakje
het lepeltje het sigaretje

12

1. (1) 나는 정원에서 모든 아이들을 보았다.
(2) 모든 학생들은 집에 있을 수 있다.

13

1. (1) groot (2) grijs (3) scherp
(4) rijken (5) lekkers

14

1. (1) groot (2) dikker (3) beter
(4) viezer (5) duurder

15

1. (1) niet (2) geen (3) niet
(4) niet (5) geen

16

1. (1) Ik zal naar de stad gaan.
(2) Ga je met de trein nemen?
(3) Wij zullen een plaats vinden.
(4) Ik ga het haar vragen.
2. (1) Als ik geld had, zou ik je geven.
(2) Als ik geld genoeg gehad had, zou ik boodschappen gedaan hebben.
3. (1) 그가 돈을 더 많이 번다면 더 큰 집을 살텐데
(2) 그녀가 자동차가있었다면 마중할 수 있었을 텐데.

17

1. (1) me (2) zich (3) zich (4) je
2. (1) Lees dat boek!
(2) Houd dit geld!
(3) Nodig je broer uit!
(4) Doe het raam open!
(5) Komt u binnen, alstublieft!

18

(1) De jongens zitten er niet op.
(2) De hond ligt er niet op.
(3) Ik weet er niets van.

19

(1) Die foto's worden door hem gemaakt.
(2) Die zeep werd door Willem gekocht.

20

1. (1) die (2) dat
2. (1) Hij blijft vandaag thuis, omdat hij ziek is.
(2) Als het morgen regent, blijf ik thuis.

2. 강변화 및 불규칙 동사 변화표

원형	과거(단수)	과거(복수)	과거분사	뜻
bakken	bakte	bakten	gebakken	(빵을) 굽다
bannen	bande	banden	gebannen	추방하다
barsten	barstte	barstten	gebarsten	깨지다, 파열하다
bederven	bedierf	bedierven	bedorven	부패하다
bedriegen	bedroog	bedrogen	bedrogen	속이다
beginnen	begon	begonnen	begonnen	시작하다
begrijpen	begreep	begrepen	begrepen	이해하다
belijden	beleed	beleden	beleden	고백하다
bergen	borg	borgen	geborgen	쌓다, 저장하다
bevelen	beval	bevalen	bevolen	명령하다
bewegen	bewoog	bewogen	bewogen	움직이다
bezwijken	bezweek	bezweken	bezweken	굴복하다, 지다
bidden	bad	baden	gebeden	기도하다, 빌다
bieden	bood	boden	geboden	제공하다
bijten	beet	beten	gebeten	물다
binden	bond	bonden	gebonden	묶다
blazen	blies	bliezen	geblazen	불다
blijken	bleek	bleken	gebleken	~처럼 보인다
blijven	bleef	bleven	gebleven	머무르다
blinken	blonk	blonken	gebloken	빛나다
braden	braadde	braadden	gebraden	굽다
breken	brak	braken	gebroken	깨뜨리다, 부서뜨리다
brengen	bracht	brachten	gebracht	가져오다
brouwen	brouwde	brouwden	gebrouwen	(술을) 빚다
buigen	boog	bogen	gebogen	굽히다
delven	dolf	dolven	gedolven	파다
denken	dacht	dachten	gedacht	생각하다
dingen	dong	dongen	gedongen	값을 깎다, 입씨름하다
doen	deed	deden	gedaan	하다
dragen	droeg	droegen	gedragen	들다, 옮기다, 입다, 차다
drijven	dreef	dreven	gedreven	뜨다
dringen	drong	drongen	gedrongen	밀다, 밀치다
drinken	dronk	dronken	gedronken	마시다
druipen	droop	dropen	gedropen	(물방울이) 떨어지다

원형	과거(단수)	과거(복수)	과거분사	뜻
duiken	dook	doken	gedoken	다이빙하다
dwingen	dwong	dwongen	gedwongen	(힘을) 가하다, 밀어부치다
eten	at	aten	gegeten	먹다
fluiten	floot	floten	gefloten	(휘파람을) 불다
gaan	ging	gingen	gegaan	가다
gelden	gold	golden	gegolden	~에 적용하다
genezen	genas	genazen	genezen	(병이) 낫다, 치료하다
genieten	genoot	genoten	genoten	즐기다
geven	gaf	gaven	gegeven	주다
gieten	goot	goten	gegoten	붓다
glijden	gleed	gleden	gegleden	미끄러지다
glimmen	glom	glommen	geglommen	(희미하게) 빛나다
graven	groef	groeven	gegraven	파다
grijpen	greep	grepen	gegrepen	쥐다, 움켜쥐다
hangen	hing	hingen	gehangen	걸다
hebben	had	hadden	gehad	갖다
heffen	hief	hieven	geheven	들어올리다
helpen	hielp	hielpen	geholpen	돕다
heten	heette	heetten	geheten	~라고 불리우다
houden	hield	hielden	gehouden	취하다, 갖다
houwen	hieuw	hieuwen	gehouwen	(도끼로) 자르다, (나무를) 패다
jagen	joeg jaagde	joegen jaagden	gejaagd	사냥하다
kerven	korf kerfde	korven kerfden	gekorven	새기다(조각), 파다(끌로)
kiezen	koos	kozen	gekozen	선택하다
kijken	keek	keken	gekeken	쳐다보다
kijven	keef	keven	gekeven	싸움하다
klimmen	klom	klommen	geklommen	올라가다
klinken	klonk	klonken	geklonken	울리다(소리가)
kluiven	kloof	kloven	gekloven	물다
knijpen	kneep	kneep	geknepen	꼬집다
komen	kwam	kwamen	gekomen	오다
kopen	kocht	kochten	gekocht	사다

원형	과거(단수)	과거(복수)	과거분사	뜻
krijgen	kreeg	kregen	gekregen	받다
kunnen	kon	konden	gekund	할수있다.
kwijten	kweet	kweten	gekweten	잃다, (책임을) 면하다
lachen	lachte	lachten	gelachen	웃다
laden	laadde	laadden	geladen	쌓다
laten	liet	lieten	gelaten	시키다
lezen	las	lazen	gelezen	읽다
liegen	loog	logen	gelogen	속이다
liggen	lag	lagen	gelegen	놓여 있다
lijden	leed	leden	geleden	(고통을) 당하다
lijken	leek	leken	geleken	~처럼 보인다
lopen	liep	liepen	gelopen	걷다
malen	maalde	maalden	gemalen	빻다(곡식을)
melken	molk melkte	molken melkten	gemolken	우유를 짜다
meten	mat	maten	gemeten	재다(치수를), 측정하다
moeten	moest	moesten	gemoeten	~해야만 한다
mogen	mocht	mochten	gemoogd	~해도 좋다, 하고 싶다
nemen	nam	namen	genomen	받다, 갖다
nijgen	neeg	negen	genegen	(몸을 굽혀) 인사하다, 절하다
nijpen	neep	nepen	genepen	꼬집다
ontginnen	ontgon	ontgonnen	ontgonnen	개간하다
plegen	placht	plachten	×	~하곤 한다(습관)
prijzen	prees	prezen	geprezen	칭찬하다
raden	ried raadde	rieden raadden	geraden	충고하다, 조언하다
rijden	reed	reden	gereden	타다
rijgen	reeg	regen	geregen	(실에) 꿰다
rijten	reet	reten	gereten	찢다
rijzen	rees	rezen	gerezen	일어나다, 부풀어 오르다
roepen	riep	riepen	geroepen	부르다
ruiken	rook	roken	geroken	냄새가 나다
scheiden	scheidde	scheidden	gescheiden	분리하다
schelden	schold	scholden	gescholden	어기다

원형	과거(단수)	과거(복수)	과거분사	뜻
schenken	schonk	schonken	geschonken	선사하다
scheppen	schiep	schiepen	geschapen	창조하다, 만들다
scheren	schoor	schoren	geschorn	면도하다
schieten	schoot	schoten	geschoten	쏘다(총을)
schijnen	scheen	schenen	geschenen	비추다, ~처럼 보인다, 나타난다
schrijden	schreed	schreden	geschreden	(큰 걸음으로) 걷다
schrijven	schreef	schreven	geschreven	쓰다
schrikken	schrok	schrokken	geschrokken	놀라다
schuilen	school	scholen	gescholen	숨다, 피난하다
schuiven	schoof	schoven	geschoven	밀다, 밀치다
slaan	sloeg	sloegen	geslagen	때리다
slapen	sliep	sliepen	geslapen	자다
slijpen	sleep	slepen	geslepen	날카롭게 하다, (칼날을) 갈다
slijten	sleet	sleten	gesleten	(옷이) 닳다
slinken	slonk	slonken	geslonken	움추러 들다
sluipen	sloop	slopen	geslopen	훔치다(걸레로)
smelten	smolt	smolten	gesmolten	녹다
smijten	smeet	smeten	gesmeten	던지다
snijden	sneed	sneden	gesneden	자르다
snuiten	snoot	snoten	gesnoten	(코를) 풀다
snuiven	snoof	snoven	gesnoven	(코를) 킁킁거리다, 냄새 맡다
spannen	spande	spanden	gespannen	긴장하다, 팽팽하게 하다
spijten	speet	speten	gespeten	유감이다
spinnen	spon	sponnen	gesponnen	(실을) 짜다, 직조하다
splijten	spleet	spleten	gespleten	쪼개다
spreken	sprak	spraken	gesproken	말하다
springen	sprong	sprongen	gesprongen	뛰어 오르다
spruiten	sproot	sproten	gesproten	(싹이) 트다, 튀어 나오다
spuiten	spoot	spoten	gespoten	(침을) 뱉다
staan	stond	stonden	gestaan	서다
steken	stak	staken	gestoken	찌르다, 찔러 넣다
stelen	stal	stalen	gestolen	훔치다
sterven	stierf	stierven	gestorven	죽다
stijgen	steeg	stegen	gestegen	(값이) 오르다

원형	과거(단수)	과거(복수)	과거분사	뜻
stijven	steef	steven	gesteven	빳빳하게 하다
stinken	stonk	stonken	gestonken	악취가 나다
stoten	stootte stiet	stootten stieten	gestoten	밀다
strijden	streed	streden	gestreden	싸우다
strijken	streek	streken	gestreken	(다리미로) 줄을 잡다, 걷어내다
stuiven	stoof	stoven	gestoven	내던지다
treden	trad	traden	getrreden	등장하다, 걷다
treffen	trof	troffen	getroffen	만나다
trekken	trok	trokken	getrokken	끌어 당기다
vallen	viel	vielen	gevallen	떨어지다
vangen	ving	vingen	gevangen	잡다
varen	voer	voeren	gevaren	항해하다
vechten	vocht	vochten	gevochten	싸우다
verdrieten	verdroot	verdroten	verdroten	슬프다
verdwijnen	verdween	verdwenen	verdwenen	사라지다
vergeten	vergat	vergaten	vergeten	잊다
verliezen	verloor	verloren	verloren	잃다, (싸움에) 지다
verschuilen	verschool	verscholen	verscholen	숨다
verslinden	verslond	verslonden	verslonden	(게걸스럽게) 먹다
vinden	vond	vonden	gevonden	발견하다
vlechten	vlocht	vlochten	gevlochten	꼬다, 주름잡다
vlieden	vlood	vloden	gevloden	달아나다
vliegen	vloog	vlogen	gevlogen	나르다
vouwen	vouwde	vouwden	gevouwen	접다
vragen	vraagde vroeg	vraagden vroegen	gevraagd	묻다, 질문하다
vreten	vrat	vraten	gevreten	사육하다, 먹이를 주다
vriezen	vroor	vroren	gevroren	(얼음이) 얼다
waaien	waaide woei	waaiden woeien	gewaaid	바람이 불다
wassen	waste	wasten	gewassen	씻다
wassen	wies	wiesen	gewassen	성장하다
wegen	woog	wogen	gewogen	(무게가) 나가다, 달다

원형	과거(단수)	과거(복수)	과거분사	뜻
werpen	wierp	wierpen	geworpen	던지다
werven	wierf	wierven	geworven	(신병을) 모집하다
weten	wist	wisten	geweten	알다
weven	weefde	weefden	geweven	뜨다, 짜다(실을)
wijken	week	weken	geweken	빗나가다
wijten	weet	weten	geweten	비난하다
wijzen	wees	wezen	gewezen	가르키다
willen	wilde wou	wilden	gewild	하고져 하다
winden	wond	wonden	gewonden	감다
winnen	won	wonnen	gewonnen	이기다
worden	werd	werden	geworden	~이 되다
wreken	wreekte	wreekten	gewroken	복수하다
wrijven	wreef	wrenen	gewreven	문지르다
wringen	wrong	wrongen	gewrongen	짜다, 비틀다
zeggen	zei	zeiden	gezegd	말하다
zenden	zond	zonden	gezonden	보내다
zien	zag	zagen	gezien	보다
zijn	was	waren	geweest	be동사
zingen	zong	zongen	gezongen	노래하다
zinken	zonk	zonken	gezonken	가라앉다
zinnen	zon	zonnen	gezonnen	생각하다
zitten	zat	zaten	gezeten	앉다
zoeken	zocht	zochten	gezocht	찾다
zouten	zoutte	zoutten	gezouten	(소금을) 절이다
zuigen	zoog	zogen	gezogen	빨다
zuipen	zoop	zopen	gezopen	마시다
zullen	zou	zouden		미래조동사
zwelgen	zwolg	zwolgen	gezwolgen	(벌컥) 마시다
zwellen	zwol	zwollen	gezwollen	부풀다
zwemmem	zwom	zwommen	gezwommen	수영하다
zweren	zwoer	zwoeren	gezworen	맹세하다
zwerven	zwierf	zwierven	gezworven	방황하며 돌아다니다
zwijgen	zweeg	zwegen	gezwegen	침묵을 지키다

3. 네-한 기본어휘

(참고 : (*)가 붙은 명사는 모두 "het-명사"이고 나머지는 모두 de-명사이다)

1. 동물

dier	동물
Hond	개
Kat	고양이
Muis, muizen	쥐
Rat	생쥐
Eend	오리
Zwaan	백조
Boerderij	농가
Kip	닭
Haan	숫닭
Paard (*)	말
Koe	소
Kalf (*)	송아지
Stier	황소
Geit	암소
Bok	숫염소
Schaap (*)	양
Lam (*)	새끼양
Ram	숫양
Dierentuin	동물원
Olifant	코끼리
Nijlpaard (*)	하마
Leeuw	사자
Tijger	호랑이
Aap	원숭이
Vis	물고기
Insekt (*)	곤충
Vlinder	나비
Rups	누에고치
Mier	개미
Spin	거미
Vlieg	파리
Bij	벌
Wesp	말벌

2. 신체

Lichaam (*)	신체
Hoofd (*)	머리
Voorhoofd (*)	이마
Gezicht (*)	얼굴
Haar (*), haren	머리카락
Oog (*), ogen	눈
Neus	코
Mond	입
Tand	이
Kies, kiezen	치아
Oor (*), oren	귀
Arm	팔
Elleboog	팔꿈치
Schouder	어깨
Hand	손
Vinger	손가락
Nagel	손톱
Been (*)	다리
Heup	궁뎅이
Knie	무릎
Voet	발

Teen, tenen	발꿈치
Orgaan (*)	신체기관
Hart (*)	심장
Long	폐
Nier	신장
Lever	간
Huid	피부
Maag	위
Gezondheid	건강
Gezond	건강한
Ziek	아픈
Gewond	상처받은

3. 색갈

Kleuren	색갈
Wit	흰색
Zwart	검정
Rood	빨강
Groen	초록
Bruin	갈색
Paars	자주색
Oranje	오렌지색
Rose	분홍색
Geel	노란색
Grijs	재색
Blauw	푸른색
Donkerblauw	짓푸른색
Lichtblauw	약간푸른

4. 가족

Familie	가족
Man	남편
Vrouw	아내
Jongen	사내아이
Meisje	여자아이
Vader	아버지
Moeder	어머니
Zoon, zonen	아들
Dochter	딸
Kind (*), kinderen	아이, 자녀
Broer	형, 오빠, 남동생
Zus	자매, 누나, 누이동생
Opa, grootvader	(친/외)할아버지
Oma	(친/외)할머니
Oom	아저씨, (작은/큰)아버지, 외삼촌
Tante	아주머니, (외)숙모,이모
Neef	남자조카, 남자사촌
Nicht	여자조카, 여자사촌
Schoonvader	시아버지, 장인
Schoonmoeder	시어머니, 장모
Ouders	부모
Getrouwd	기혼
Verloofd	약혼한
Gescheiden	이혼한
Weduwe	미망인
Weduwnaar	상처한 사람
Geboorte	출생
Dood	사망
Scheiding	이혼
Huwelijk (*)	결혼
Bruiloft	결혼식
Verjaardag	생일
Jubileum (*)	기념일

5. 꽃

Bloemen	꽃
Anemoon	아네모네

Anjer	카네이션
Aster	애스터
Begonia	베고니아
Chrysant	국화
Dahlia	다알리아
Fresia	프리지아
Fuchsia	수령초
Gladiool	글라디아
Hyacint	히야신스
Iris	붓꽃
Jasmijn	재스민
Lavendel	라벤더
Lelie	백합
Lis	붓꽃
Madeliefje	데이지
Margriet	마거리트
Narcis (wit)	흰수선화
Narcis (geel)	노랑수선화
Orchidee	난초
Papaver	양귀비
Roos	장미
Tulp	튜립
Viooltje	바이올렛

6. 음료

Voedsel (*)	음식
Eten	먹다, 식사하다
Maaltijd	음식
Ontbijt (*)	아침식사
Lunch	점심식사
Diner (*), avondeten (*)	저녁식사
Brood (*)	빵
Kaas	치즈
Boter	버터
Ei (*), eieren	계란
Mes (*)	나이프
Vork	포크
Lepel	수저
Kopje (*)	컵
Schotel	접시
Bord (*)	대접
Glas (*)	유리잔
Thee	차
Koffie	커피
Melk	우유
Water (*)	물
Groente	야채
Fruit (*)	과일
Vlees (*)	고기, 육류
Sinaasappel	오렌지
Appel	사과
Peer	배
Banaan	바나나
Aardappel	감자
Sla	상추
Salade	샐러드
Biefstuk	스테이크
Gehakt (*)	다진고기
IJs (*)	아이스크림
Koken	끓이다
Bakken	굽다
Braden	태우다
tn het restaurant	식당에서
Ober	웨이터
Heeft u gereserveerd?	예약했나요?
Eet smakelijk!	맛있게 드세요!
Heeft het gesmaakt?	맛있게 드셨나요?
Is alles naar wens?	만족하셨나요?
Kan ik afrekenen?	계산요!
Accepteert u credit cards?	신용카드도 받나요?
Inclusief BTW	부가가치세 포함

Fooi	팁
Voorgerecht (*)	전채
Hoofdgerecht (*)	주음식
Nagerecht (*)	후식
Wijn(-kaart)	포도주(표)
Kort gebakken	약간 구운
Normaal gebakken	미디엄으로 구운
Goed doorbakken	잘 익힌/구운

7. 지리

Geografie	지리
Europa	유럽
Oostenrijk	오스트리아
België	벨기에
Tsjechië	체코
Denemarken	덴마크
Frankrijk	프랑스
Duitsland	독일
Griekenland	그리스
Hongarije	항가리
IJsland	아이슬랜
Ierland	아일랜드
Italië	이탈리아
Luxemburg	룩셈부르그
Nederland	네덜란드
Noorwegen	노르웨이
Polen	폴란드
Rusland	러시아
Spanje	스페인
Zweden	스웨덴
Zwitserland	스위스
Verenigd Koninkrijk	영국
Midden-Oosten	중동
Libanon	레바논
Turkije	터키
China	중국
Afrika	아프리카
Egypte	이집트
Kenia	케냐
Marokko	모로코
Zuid-Afrika	남아프리카
Zuid-Korea	한국
Azië	아시아
Cambodja	캄보디아
Australië	호주
Zuid-Amerika	남아메리카
Brazilië	브라질
Noord-Amerika	북아메리카
Verenigde Staten (VS)	미국
Japan	일본
rivier	강
meer (*)	호수
zee	바다
hoofdstad	수도
stad	도시
dorp (*)	마을
berg	산
grens	경계
klimaat	날씨
weer (*)	날씨
oppervlakte	표면

8. 천문

Horoscoop	별점, 천궁도
Ram	백양좌
Stier	황소좌
Tweelingen	쌍둥이좌
Kreeft	큰게좌
Leeuw	사자좌
Maagd	처녀좌
Weegschaal	천칭좌

Schorpioen	전갈좌
Boogschutter	화살좌
Steenbok	염소좌
Waterman	물병좌
Vissen	물고기
Astrologie	천문학
Sterrenbeeld	12궁(宮), 12좌
Voorspelling	예보

9. 집

Huis (*)	집
Thuis	집에서
Kamer	방
Woonkamer	거실
Eetkamer	주방, 식당
Slaapkamer	침실
Keuken	부엌
Badkamer	욕실
W.C., toilet (*)	화장실
Tuin	정원
Kelder	지하실
Zolder	다락
Schuur	헛간
Etage, verdieping	층
Dak (*)	지붕
Muur	담,벽
Deur	문
Raam (*)	창문
Schoorsteen	굴뚝
Meubels	가구
Bed (*)	침대
Bank	소파
Stoel	의자
Tafel	식탁
Kast	찬장
La, lade	서랍
Gordijn (*)	커텐
Kleed (*)	깔개
Tapijt (*)	카펫트
Spiegel	거울
Schilderij	그림
Lamp	램프
Koelkast	냉장고
Stofzuiger	진공청소기
Fornuis (*)	화덕, 아궁이

10. 직업

Baan, banen	직업, 일자리
Werk (*)	일
Werken	일하다
Beroep (*)	직업
Bakker	제과업자
Slager	정육업자
Kruidenier	채소상
Melkboer	우유배달인, 젖짜는 사람
Apotheker	약사
Agent, agente	경찰관
Soldaat	군인
Leraar	교사
Tuinman	정원사
Loodgieter	납세공
Metselaar	벽돌공
Kleermaker	양복점
Schoenmaker	제화(製靴)가
Juwelier	보석상
Secretaresse	비서
Drukker	인쇄자
Uitgever	출판자
Werkloos	실업
Uitkering	실업수당
Opslag	승급

Solliciteren	응모하다
Sollicitatiegesprek	면접

11. 금전

Geld (*)	돈
Verdienen	벌다
Uitgeven	지출하다
Betalen	갚다
Lenen van	빌리다
Lenen aan	빌려주다
Sparen	저축하다
Salaris (*)	봉급
Loon (*)	임금
Minimumloon (*)	최저임금
Belasting	세금
BTW	부가가치세
Verzekering	보험
Autoverzekering	자동차보험
Levensverzekering	생명보험
Opstalverzekering	가옥보험
Ziektekostenverzekering	의료보험
Hypotheek	저당
Wisselkoers	환율
Rente	이자
Lening	대부
Geldautomaat	현금자동인출기
Munt	동전
Rijk	부유한
Rijkdom	부(富)
Arm	가난한
Armoede	가난
Schat	보물

12. 수

Getallen	수
Nul	0
Een	1
Twee	2
Drie	3
Vier	4
Vijf	5
Zes	6
Zeven	7
Acht	8
Negen	9
Tien	10
Elf	11
Twaalf	12
Dertien	13
Veertien	14
Vijftien	15
Zestien	16
Zeventien	17
Achttien	18
Negentien	19
Twintig	20
Eenentwintig	21
Tweëntwintig	22
Dertig	30
Veertig	40
Vijftig	50
Zestig	60
Zeventig	70
Tachtig	80
Negentig	90
Honderd	100
Tweehonderd	200
Driehonderd	300
Duizend	1.000
Miljoen	1.000.000

Eerste	첫번째
Tweede	두번째
Derde	세번째
Vierde	네번째
Achtste	여덟번째
Kwart	1/4
Half	1/2
Anderhalf	$1\frac{1}{2}$
Tweeënhalf	$2\frac{1}{2}$
Plus, en	더하기(+)
Min	빼기(?)
Maal, keer	곱하기(×)
Gedeeld door	나누기(÷)

13. 학교

School	학교
Les	수업
Leren	배우다
Onderwijs (*)	교육
Onderwijzen	교육하다, 가르치다
Onderwijzer	교사, 교육가
Meester, leraar	남자교사
Juffrouw, lerares	여자선생
Professor	교수
Kleuterschool	유치원
Lagere school	초등학교
Middelbare school	중,고등학교
Universiteit	대학교
Vak (*)	과목
Taal	언어
Rekenen (*)	수학
Geschiedenis	역사
Aardrijkskunde	지리
Wiskunde	수학
Gymnastiek	체육
tentamen(*)	시험
Eindexamen (*)	기말시험, 졸업시험
Uitslag	결과
Slagen	통과하다, 성공하다
Zakken	낙제
Cijfer (*)	성적
Afkijken	컨닝
Nablijven	낙제
Strafwerk (*)	징계

14. 일, 월, 년, 계절, 시간

Dagen van de week	요일
Maandag	월요일
Dinsdag	화요일
Woensdag	수요일
Donderdag	목요일
Vrijdag	금요일
Zaterdag	토요일
Zondag	일요일

Maanden van het jaar	월
Januari	1월
Februari	2월
Maart	3월
April	4월
Mei	5월
Juni	6월
Juli	7월
Augustus	8월
September	9월
Oktober	10월
November	11월
December	12월

Jaargetijden	계절
Voorjaar, Lente	봄

Zomer	여름
Najaar, or:Herfst	가을
Winter	겨울

Hoe laat is het?	몇시 입니까?
Een uur	1시
Kwart over een	1시15분
Half twee	1시반
Kwart voor twee	1시45분, 2시15분전
Seconde	초
Minuut	분
Uur (*)	시
Dag	일
Week	주
Maand	월
Jaar (*)	년
Eeuw	세기
Nu	지금
Straks	곧
Gisteren	어제
Vandaag	오늘
Morgen	내일
Volgende week	다음주
Over een week	일주일 후
Verleden week, Vorige week	지난주

15. 교통

Transport	교통
Auto	자동차
Boot; schip	배, 선박
Fiets	자전거
Tram	전차
Trein	기차
Vliegtuig	비행기
Bushalte	버스정류장
File	교통정체
Snelweg	고속도로
Spitsuur, spits	러시아워
Station	기차역
Vliegveld	비행장
Enkeltje, enkele reis	편도
Retourtje	왕복
Kaartje	티켓
Autoverzekering	운전보험
Inhalen	추월하다
Kenteken	자동차번호판
Kentekenbewijs	자동차등록증
Maximumsnelheid	속도제한
Ongeluk	교통사고
Rijbewijs	운전면허증
Voorrang	차선 우선
Wegenwacht	도로안전소
Fietsen	자전거를 타다
Rijden	차를 타다
Varen	항해하다, 배를 타다
Vliegen	비행하다, 비행기를 타다
instappen	타다
uitstappen	내리다
overstappen	갈아타다

월 Welke maand is het? (몇월달 입니까?)

januari (1월)	februari (2월)
maart (3월)	april (4월)
mei (5월)	juni (6월)
juli (7월)	augustus (8월)
september (9월)	oktober (10월)
november (11월)	december (12월)

계절 de lente (het voorjaar) (봄)
de zomer (여름)
de herfst (het najaar) (가을)
de winter (겨울)

4. 단어집

A

aaien	쓰다듬다
aan	…에, …에게
aanbieding *(de)*	특매품
aangenaam	즐거운, 반가운
aankleden	옷을 입다
aankomen	도착하다
aanrijden	자동차가 치다
aantrekken	입다
aap *(de)*	원숭이
aardig	상냥한, 친절한
aarts *(de)*	의사
acht	여덟, 8
achter	뒤에
achternaam	성(姓)
adres *(het)*	주소
aflopen	경과하다, 끝나다
afspraak *(de)*	약속
afstempelen	(스탬프 따위를)찍다
aha	아
al	1. 이미 2. 모든 것
alcohol *(de)*	술
alle	모든
allebei	둘다
alleen	혼자
allemaal	모두
alles	모든 것
als	1. (…할 때에/…다면) 2. …로서
alsof	마치 …인 것처럼
alstublieft	자!, 여기!
altijd	항상
Amsterdam	암스테르담
ander	다른
anders	다르게, 그렇지 않으면
apotheek *(de)*	약국
apotheker *(de)*	약사
appel *(de)*	사과
april	4월
arm	1. 팔 2. 가난한
aspirine *(de)*	아스피린
augustus	8월
auto *(de)*	자동차
avond *(de)*	저녁

B

baan *(de)*	1. 평면 2. 길, 도로
baantje *(het)*	일자리
badkamer *(de)*	목욕탕, 역실
bakken	굽다
bakker *(de)*	빵가게
bal *(de)*	공
balkon *(het)*	발코니
banaan *(de)*	바나나
bank *(de)*	1. 은행 2. 의자, 소파
batterij *(de)*	건전지, 밧데리
bed *(het)*	침대
bedankt	고마운

bedoelen	의미하다, 뜻하다
bedrijf *(het)*	회사
been *(het)*	다리
beetje	약간
begane grond	1층
beginnen	시작하다
begrijpen	이해하다
bekend	알려진
bekijken	관찰하다
bel *(de)*	벨, 종
belachelijk	웃기는, 말도안되는
belangrijk	중요한
bellen	전화하다, 종을 누르다
beloven	약속하다
berg *(de)*	산(山)
beroep *(het)*	직업
bespelen	악기를 연주하다
best	최고의
bestellen	주문하다
betaalpasje	통장
betalen	지불하다
beterschap *(de)*	쾌유
beurt *(de)*	차례
bewaren	보관하다
bewegen	움직이다, 운동하다
bewolkt	구름낀
bezoeken	방문하다
bieden	제공하다
bij	…에
bijwonen	참석하다
bijzettafel *(de)*	보조탁자
binnen	안에
binnengaan	들어가다
binnenkomen	들어오다
blad *(het)*	잎사귀, 페이지
blauw	푸른
blijven	머무르다
bliksemen	번개치다
blindedarmontstekeing *(de)*	맹장염
bloem *(de)*	꽃
boek *(het)*	책
boekenkast *(de)*	책장
boekhouder *(de)*	회계사
boekwinkel *(de)*	서점
boer *(de)*	농부
boon *(de)*	콩
boodschappen doen	장을 보다
boom *(de)*	나무
boos	화가 난
bord *(het)*	접시
borrel *(de)*	술
borreltje *(het)*	술
borst *(de)*	가슴, 젖가슴
boter *(de)*	버터
boterham *(de)*	샌드위치
boven	위에
bovendien	더나아가, 게다가
bovenkomen	위로가다
braaf	용감한
branden	불나다, 태우다
breed	넓은
brengen	가져오다
brief *(de)*	편지
broer *(de)*	형, 동생, 형제
brood *(het)*	빵
buik *(de)*	배(腹)
buikpijn *(de)*	복통
buiten	밖에서
bureau *(het)*	책상, 사무실
bus *(de)*	버스
buur *(de)*	이웃
buurt *(de)*	차례

C

cadeautje *(het)*	선물
café *(het)*	카페
cent *(de)*	센트
champignonsoep *(de)*	버섯수프
chauffeur *(de)*	운전기사
chemisch	화학적, 화학의
cheque *(de)*	수표
China	중국
Chinees	중국의
chocola *(de)*	쇼콜라
cholaatje *(het)*	초코렛
circa	대략
collega *(de)*	동료
compliment *(het)*	칭찬
computer *(de)*	컴퓨터
contant	현금의
creditcard *(de)*	신용카드
crediteren	카드로 계산하다
croquet *(de)*	크로켓
cultureel	문화의, 문화적
cultuur *(de)*	문화
cursus *(de)*	코스, 과정

D

daar	거기에
Dag!	안녕
dag *(de)*	날(日)
dagschotel *(de)*	오늘의 메뉴
dak *(het)*	지붕
dan	1. …보다 2. 그러면
Dank u	감사합니다
das *(de)*	넥타이
dat	지시대명사 'that'
de	정관사 'the'
december	(12월)
deken *(de)*	담요
delen	나누다
dame *(de)*	여자, 숙녀
Den Haag	헤이그
denken	생각하다
deur *(de)*	문, 대문
deze	지시대명사 'this'
diarree	소화불량
dictee *(de)*	받아쓰기
die	지시대명사 'that'
dief *(de)*	도둑
dik	뚱뚱한, 두꺼운
ding *(het)*	물건
dinsdag	화
discussie *(de)*	토론
dit	지시대명사 'this'
dochter *(de)*	딸
doden	죽이다
doen	하다 'do'
dof	둔감한
dokter *(de)*	의사, 박사
dom	어리석은
dominee *(de)*	목사
donderdag	목
donderen	천둥치다
doof	귀먹은
doorgaan	계속가다
doorsturen	보내주다
doorzien	통해보다, 꿰뚫어 보다
dorp *(het)*	마을
dorst	목이 마른, 갈증의
douche *(de)*	샤워
draaien	돌리다
dragen	지니다, 들다
drie	3
drinken	마시다

druif *(de)*	포도
druk	바쁜
duif *(de)*	비둘기
duim *(de)*	엄지손가락
duizeligheid *(de)*	현기증
dun	얇은
durven	감히하다
dus	그래서, 따라서
duur	값이 비싼
dwaas	어리석은
dwingen	밀다, 강요하다

E

een	1. 부정관사 2. 수사 '1'
eergisteravond	그저께 저녁
eergisteren	그저께
eergisterochtend	그저께 아침
eerst(e)	첫번째
eeuw *(de)*	세기
ei *(het)*	계란
eigenlijk	사실은, 원래는
eind *(het)*	끝
elf	11
elkaar	서로
elleboog *(de)*	(팔꿈치)
en	그리고
Engeland	영국
Engels *(het)*	영어
er	거기에서
ergens	거기어디
erg	심한
ermee	그것으로
ervaren	경험하다
eten	먹다
euro *(de)*	유로화(貨)
even	잠시
expres	특급으로
extra	등등, 별개의

F

familie *(de)*	가족
februari	2월
fiets *(de)*	자전거
fietsmonteur *(de)*	자전거기사
filiaal *(de)*	지점(支店)
film *(de)*	영화
firma *(de)*	회사
flat *(de)*	아파트
flink	대단한, 상당한, 꽤
formulier *(het)*	서식, 양식
foto *(de)*	사진
Friesland	프리스란트 주
fris	시원한
frisdrank *(de)*	청량음료
friet *(de)*	감자튀김
fruit *(het)*	과일

G

gaan	가다
gang *(de)*	복도
gans *(de)*	거위
gas *(het)*	가스
gat *(het)*	구멍
geboortedatum *(de)*	생일
geboorteland *(het)*	출생국가
geboorteplaats *(de)*	출생지
geboren	태어난
gebouw *(het)*	건물

gebroken	부러진
geel *(het)*	노랑
geen	전혀 …아닌 'no'
gehuwd	결혼한, 기혼의
geld *(het)*	돈
gelijk	같은, 옳은
geloven	믿다
geluid *(het)*	소리
gelukkig	행복한, 다행한
gemakkelijk	쉽게
genoeg	충분한
gescheiden	이혼한
geslacht (het)	성(性)
geval *(het)*	경우
geven	주다
gevoelig	정이 있는, 민감한
gieten	붓다
gisteren	어제
glas *(het)*	잔
goed	잘
Goede avond!	저녁인사
Goede middag!	안녕하세요(오후인사)
Goede morgen!	안녕하세요(아침인사)
goedkoop	값이 싼
golf *(de)*	파도
gordijn *(het)*	커텐
graag	기꺼이, 즐겨
gram *(het)*	그램(g)
grappig	우스꽝스러운
griep *(het)*	독감
grijs	잿빛의
groen	초록의
groenteboe *(de)*	야채상
groentesoep *(de)*	야채수
groentewinkel *(de)*	채소가게
groeten	인사하다
groot	커다란, 키가 큰

H

haar *(het)*	머리카락
haar	(3인칭대명사소유격) 그녀의
haasten	서두르다
hagelen	서리가 내리다
halen	가져가다, 데려가다
half	반
hals *(de)*	목
halte *(de)*	정류소
ham *(de)*	햄
hand *(de)*	손
handdoek *(de)*	손수건
hard	단단한, 센, 강한
hé	응, 그렇지
hebben	'have' 동사
heel	매우
heer *(de)*	남자, 신사
heerlijk	아주 좋은
heet	뜨거운
hek *(het)*	울타리
helpen	돕다
hem	(3인칭대명사목적격) '그를'
herfst *(de)*	가을
herinneren	기억하다
het	정관서 'the', 3인칭 대명사 'it'
heten	…라고 불리우다
hier	여기
hierheen	여기로
hij	3인칭대명사 '그는'
historisch	역사적인
hoe	어떻게('how')
hoek *(de)*	구석, 모퉁이
hoelang	얼마나 오랫동안

hoesten	기침하다
hoeven	할 필요가 있다
hoewel	비록 ...이지만
hoezo	왜
hond *(de)*	개
honger *(de)*	배고픔
honing *(de)*	꿀
hoofd *(het)*	머리
hoofdpijn *(de)*	두통
hoog	높은
hooi *(de)*	건초
hoop *(de)*	희망
hopen	희망하다
horen	듣다
horloge *(het)*	손목시계
houden	쥐다 'hold'
houden van	좋아하다, 사랑하다
houten	나무로 된
huis *(het)*	집
huren	빌리다

I

ieder	모든, 각자
iedereen	모두
iets	어떤 것 'something'
ijs *(het)*	얼음
ijzer *(het)*	철
ik	1인칭대명사 '나'
in	...에
inbegrepen	포함된
informatie *(de)*	정보
ingenieur *(de)*	기술자
inlichting *(de)*	정보
instappen	(차를)올라타다
interessant	흥미있는
inwoner *(de)*	주민
Istanbul	이스탄불

J

ja	예
jaar *(het)*	년, 해
jam *(de)*	잼
jammer	죄송합니다.
januari	1월
jarig	생일인
jazeker	그럼, 확실해
je	2인칭 대명사 '너'
jenever *(de)*	네덜란드전통주(酒)
jij	2인칭 대명사 '너'
jongen *(de)*	남자아이, 청년
jou	2인칭 대명사목적격 '너에게, 너를'
journaal *(het)*	뉴스
jouw	(2인칭대명사소유격) '너의'
juist	바로, 옳은
juli	7월
juni	6월

K

kaart *(de)*	카드
kaartje *(het)*	티켓, 표
kaas *(de)*	치즈
kabeljauw *(de)*	대구
kachel *(de)*	난로
kam *(de)*	빗
kamer *(de)*	방
kant *(de)*	편, 쪽
kantoor *(het)*	사무실

kapot	고장난
kapper *(de)*	이발사
karakter *(het)*	성격
kast *(de)*	찬장, 장농
kat *(de)*	고양이
keelpijn *(de)*	목이 아픔
kennen	알다
kennismaken	서로 알게하다, 인사하다
kenteken *(de)*	표지
keren	돌다, 회전하다
kerk *(de)*	교회
kerskaart *(de)*	크리스마스카드
kerstgroet *(de)*	크리스마스 인사
keuken *(de)*	부엌
kiespijn *(de)*	치통
kiesrecht *(het)*	선거권
kiezen	선택하다
kijken	쳐다보다
kilo *(het)*	킬로그램(kg)
kin *(de)*	턱
kind *(het)*	아이
kinderkamer *(de)*	아이들방
klas *(de)*	학급 'class'
klein	작은
kleren *(de)*	옷
kleur *(de)*	색갈
kloppen	두드리다, 녹크하다
koe *(de)*	소
koek *(de)*	과자
koffie *(de)*	커피
koken	요리하다
komen	오다.
komkomer *(de)*	오이
koning *(de)*	왕
koor *(de)*	합창단
koorts *(de)*	열
kopen	사다
kopje *(het)*	찻잔
Koreaan	한국인
kosten	값이 …이다
koud	추운
krab *(de)*	게
krant *(de)*	신문
krijgen	받다
kunnen	화법조동사 '할 수 있다'
kwart	15

L

laan *(de)*	길
laat	늦은
laatst	맨 마지막의
lachen	웃다
lamp *(de)*	등(燈), 램프
land *(het)*	나라
lang	긴, 오랫동안
langskomen	들르다
langzaam	천천히
laten	시키다
leerling *(de)*	학생
leeuw *(de)*	사자
legimitatie *(de)*	신분증
legimiteren	신분확인하다
leiden	인도하다, 이끌다
lekker	맛있는
lente *(de)*	봄
lepel *(de)*	수저
leptopcomputer *(de)*	노트북캄퓨터
leraar *(de)*	교사, 선생님
lerares *(de)*	여교사
leren	배우다
les *(de)*	수업, 레슨
leuk	재미있는, 반가운

leven	살다
lever *(de)*	간
lezen	읽다
lichaam *(het)*	신체
licht *(de)*	(전기)불
licht	밝은
lied *(het)*	노래
lief	사랑스러운
liever	즐겨, 차라리
liggen	위치하다, 놓이다
lijden	고통을 겪다
links	왼쪽
linksaf	왼쪽으로
logeerkamer *(de)*	손님방
logisch	논리적인
lopen	걷다, 가다
luisteren	듣다
lunch *(de)*	점심

M

maaien	풀을 자르다
maagpijn *(de)*	복통
maan *(de)*	달
maand *(de)*	월(月)
maandag	월요일
maar	그러나
maart	3월
maat *(de)*	칫수
machiene *(de)*	기계
maken	만들다
makkelijk	쉬운
man *(de)*	남편
medicijn *(de)*	약
meebrengen	가져가다
meegaan	함께가다
meel *(het)*	가루, 밀가루
meenemen	갖고가다
meer	더, 'veel' 의 비교급
meestal	대게, 보통
meeuw *(de)*	갈매기
meevallen	마음에 들다
mei	5월
meisje *(het)*	아가씨, 소녀
melk *(de)*	우유
meneer	...씨, 'mr.'
mensen *(de)*	사람들
menu *(het)*	메뉴
merken	알아보다
mes *(het)*	칼
met	함께
meteen	당장, 즉시
meubel *(de)*	가구
mevrouw *(de)*	부인, 아주머니
middag	정오
middelbare school	중학교
mij	나에게
mijn	나의
minder	덜, 'winig' 의 비교급
minuut *(de)*	분
misbruiken	남용하다
mislopen	빗나가다
misschien	아마도
mistig	안개 낀
mobile *(de)*	휴대전화
modern	현대식의
moe	피곤한
moeder *(de)*	어머니
moeilijk	어려운
moeten	'must'
mogen	'may'
mond *(de)*	입
mooi	좋은, 멋진
morgen	내일, 아침
morgenavond	내일 저녁

morgenmiddag	내일 오후
morgenochtend	내일 아침
motregenen	가랑비내리다
muis *(de)*	쥐
muur *(de)*	담
muziek *(de)*	음악
muziekinstrument *(het)*	악기

N

na	…후에
naam *(de)*	이름
naar	…로
naast	옆에, 곁에, 나란히
nacht *(de)*	밤
nadeel *(het)*	손해, 불리
najaar *(het)*	가을
namelijk	즉
namiddag	오후
nationaliteit *(de)*	국적
natuurlijk	물론
Nederlands *(het)*	네덜란드어
nee	아니다
Neem mij niet kwalijk	미안합니다, 죄송합니다.
Neemt u me niet kwalijk	죄송합니다.
nemen	타다, 취하다 'take'
net	깔끔한, 깨끗한, 산뜻한
netjes	깔끔하게
neus *(de)*	코
niemand	어느누구도
nict	'not'
niet alleen ... maar ook	…뿐만 아니라 …도
niets	아무것도 'nothing'
nieuw	새로운
nieuws *(het)*	소식, 뉴스
nodig	필요한
nog	아직, 더
nooit	결코 …아닌
'never'	
normaal	보통때
november	11월
nu	지금
nummer *(het)*	번호
nuttig	유익한

O

o.k.	오케
octhend	아침
of	s '혹은', '…인지 아닌지'
ogenblik *(het)*	잠간, 순간
Okee	좋아요
oktober	10월
olie *(de)*	기름
om... te...	하기 위해
oma *(de)*	할머니
omdat	왜냐하면
omvatten	포함하다
ondergaan	아래로 가다
ondergoed *(het)*	속옷
onderzoeken	조사하다, 진찰하다
ongehuwd	미혼(未婚)의
ongeluk *(het)*	교통사고, 사고
onmiddelijk	즉시
onmogelijk	불가능한
ontbijt *(het)*	아침식사
onthouden	외우다
onweren	날씨가 궂다
onzin *(de)*	넌센스

oog *(het)*	눈
ook	역시, 또한
oor *(het)*	귀
oorpijn *(de)*	눈병
op	…위에
opa *(de)*	할아버지
opbellen	전화하다
opendoen	열다
opereren	수술하다
opklaren	날씨가 개다
opnemen	녹음하다
opstaan	일어나다
opticien *(de)*	안경사
optimistisch	낙천적
orgelman *(de)*	오르간맨
oud	나이든, 오래된
ouders *(de)*	부모님
overdag *(de)*	낮
overladen	너무 싣다
overmaken	이체하다
oversteken	길을 건너다

P

pad *(het)*	길
pakje *(het)*	상자, 보따리
pakken	싸다, 집다
pan *(de)*	팬
papier *(het)*	whddl
paprika *(de)*	파프리카
paraplu *(de)*	우산
pardon	미안합니다
paskamer *(de)*	옷을 입어보는 방
paspoort *(de)*	여권
passen	옷을 입어보다. 배
peer *(de)*	(과일) 배
pen *(de)*	펜
per	…마다
persoon *(de)*	사람
perziken *(de)*	복숭아
pessimistisch	비관적
pet *(de)*	모자
piano *(de)*	피아노
pijn	아픈
pilsje *(het)*	맥주
pinautomaat *(de)*	현금지급기(ATM)
pindakaas *(de)*	땅콩치즈
pinnen	현금자동인출기에서 인출하다
pinpas *(de)*	현금인출카드
plaat *(de)*	판대기, 기브스
plaats *(de)*	자리
plaatsbewijs *(het)*	좌서석권
plat	평평한
poetsen	닦다
politieagent *(de)*	경찰관
post *(de)*	우편
postcode *(de)*	우편번호
postkantoor *(het)*	우체국
postzegel *(de)*	우표
praten	말하다
precies	정확한
prettig	즐거운, 아름다운
prijs *(de)*	상(賞); 가격
prima	좋다
proberen	노력하다
programma *(het)*	프로그램
proost!	건배
PTT	Posterijen (우편), Telegrafie (전신) en Telefonie (전화)

Q

qua	…로서

R

raam *(het)*	창
radio *(de)*	라디오
realistisch	현실적
recept *(het)*	처방전
rechtdoor	똑바로
rechterhand *(de)*	오른쪽
rechts	오른쪽의
regelmatig	규칙적으로
regelsysteem *(het)*	규칙체계
regenachtig	비가 오는
regenen	비오다
regering *(de)*	정부
reisziekte *(de)*	여독(旅毒)
reizen	여행하다
rekening *(de)*	계산(서)
rennen	뛰다
reserveren	예약하다
restaurant *(het)*	식당
retour *(de)*	왕복
rib *(de)*	갈비뼈
rijbewijs *(het)*	운전면허증
rijden	차를타다
rijk	부자의, 풍부한
ring *(de)*	반지
roepen	부르다
roken	담배피우다
romantisch	낭만적
rood	빨간
roos *(de)*	장미
rosbief *(de)*	로스비프
rug *(de)*	허리
ruim	넓은
Russisch *(het)*	러시아어
rustig	조용한
ruw	날것의

S

's maandags	월요일에
's woensdags	수요일에
's zondags	일요일에
saai	무료한, 심심한
salaris *(de)*	봉급
samenwonend	동거하는
schamen	부끄러워하다
schelen	다르다, 차이가 나다
scheren	면도하다
scherm *(het)*	방호물, 극장커텐
scherp	날카로운
schip *(het)*	배(船)
schoen *(de)*	구두, 신발
schoenenwinkel *(de)*	신발가게
school *(de)*	학교
schoon	깨끗한
schreeuwen	소리지르다
schrijven	쓰다
schuur *(het)*	헛간
secretaresse *(de)*	여비서
september	9월
serieus	진지한
sigaret *(de)*	담배
sinaasappelsap *(het)*	오렌지쥬스
sjaal *(de)*	쇼올
sla *(de)*	배추, 샐러드
slaan	때리다
slaapkamer *(de)*	침실
slager *(de)*	정육점

slapeloosheid *(de)*	불면증
slapen	잠자다
slecht	나쁜
sleutel *(de)*	열쇠
slikken	삼키다
slordig	지저분한
sluiten	닫다
sluw	야비한
smakelijk	맛있는
smal	좁은
sneeuwen	눈이 오다
snel	빨리
snijden	자르다
snoei	가지
soep *(de)*	수프
sofa *(de)*	소파
sok *(de)*	양말
soms	가끔
soort *(de)*	종류
sorry!	미안!
spa *(de)*	스파(음료)
spaarpotje *(het)*	저금통
spelen	놀다, 연주하다
spierpijn *(de)*	근육통
spijkerbroek *(de)*	청바지를 찾는데요.
spijten	미안하다
spoor *(de)*	플랫홈, 승강구
sportief	스포티한
spreken	말하다
sprookje *(het)*	동화
staan	서다
stad *(de)*	도시
station *(het)*	기차역
steeds	점점
stempelen	스탬프를 찍다
ster *(de)*	별
sterven	죽다
stil	조용한
stoel *(de)*	의자
stof *(de)*	먼지; 재료
stoplicht *(het)*	신호등
stoppen	서다, 멈추다
stormachtig	비바람치는
stormen	비바람치다
straat *(de)*	거리, 도로
student *(de)*	학생
studente *(de)*	여학생
studeren	공부하다.
sturen	보내다
suiker *(de)*	(설탕)
supermarkt *(de)*	수퍼마켓

T

taal *(de)*	언어, 말
tafel *(de)*	탁자
tand *(de)*	이, 치아
tandaarts *(de)*	치과의사
tandpasta *(de)*	치약
tas *(de)*	가방
taxi *(de)*	택시
te	'to'; 'too'
teen *(de)*	발가락
tegenvallen	마음에들지 않다
tegenwoordig	오늘날의
telefoneren	전화하다
telefoonkaart *(de)*	전화카드
telefoonnummer *(het)*	전화번호
teleurstellen	실망하다
televisie *(de)*	텔레비전
tellen	세다, 헤아리다
terwijl	'…하는 동안에; …하는 반면에'
tevreden	만족한
thee *(de)*	차

theekopje *(het)*	찻잔
thuis	집에서
thuisblijven	집에 있다
thuiskomen	집에오다
tijdschrift *(de)*	잡지
toekomst *(de)*	미래
toen	'…할 때에'
toilet *(het)*	화장실
tomatensoep *(de)*	도마토수프
tong *(de)*	혀
toren *(de)*	탑
tosti *(de)*	토스트
tot	…까지
tram *(de)*	전차
trein *(de)*	기차
trek *(de)*	성향, 하고싶음
trouwen	결혼하다
tuin *(de)*	정원
tuinman *(de)*	정원사
tulpen *(de)*	튜립
twee	2, 둘
tweedehands	중고의
twintig	20

U

u	2인칭대명사 존칭 '당신'
ui *(de)*	양파
uit	…로부터
uitdoen	옷을 벗다
uitgeven	지출하다
uitnodigen	초대하다
uitstekend	뛰어난, 훌륭한
uitzien	…처럼 보이다
uur *(het)*	시간

V

vaak	자주
vader *(de)*	아버지
vakantie *(de)*	휴가, 방학
vakantiehuis *(het)*	별장
vallen	떨어지다, 넘어지다
vals	거짓의
van	…의; …에 대해; …로부터
vanavond	오늘저녁
vandaag	오늘
vandaan	(출처) …로부터
vanmiddag	오늘오후
vanmorgen	오늘 아침
vannacht	오늘저녁
vanochtend	오늘아침
varen	항해하다
vast	확고한
veel	많이
veld *(het)*	들판, 운동장
ver	먼
veranda *(de)*	베란다
verbranden	화재가 나다
verder	더멀리
verdienen	(돈을)벌다
verdieping *(de)*	층(層)
vergadering *(de)*	회의
vergeten	잊다
vergissen	실수하다
verhuizen	이사하다
verjaardag *(de)*	생일
verkeerd	잘못된, 틀린
verkoopster *(de)*	여판매원
verkopen	팔다
verkoudheid *(de)*	감기
verleden	과거의, 지난

verslapen	늦잠자다
verstaan	이해하다
verstandig	현명한
versturen	보내다, 부치다
vertalen	번역하다
vertellen	말하다
vertrekken	떠나다
vet	기름진
vier	4
vies	더러운
vinden	생각하다, 발견하다
vinger *(de)*	손가락
vis *(de)*	생선
vlag *(de)*	기(旗)
vlijtig	부지런한
vloer *(de)*	마루
vloerkleed *(het)*	마루깔개(카페트)
vlooi *(de)*	벼룩
vlug	빠른
voelen	느끼다
voet *(de)*	발
vol	충만한, 꽉찬
volgend	다음의
volgens	...에 따르면
voor	위하여
voordeel *(het)*	이득, 좋은 점
voorjaar *(het)*	봄
voormiddag	오전
voornaam *(de)*	이름
voortaan	앞으로
voorzitter *(de)*	의장
vorig	이전의
vragen	질문하다
vrede *(de)*	평화
vreselijk	끔직한
vriend *(de)*	친구
vriendelijk	친절한
vriendin *(de)*	여자친구
vrijdag	금요일
vroeger	옛날에
vrolijk	즐거운
vrouw *(de)*	여자, 아내
vuist *(de)*	주먹

W

waaien	바람불다
waar	어디
waarnaartoe	어디로
waarom	왜
wachten	기다리다
wandelen	산보하다
wandeling *(de)*	산보
wang *(de)*	(뺨)
wanneer	언제
want	왜냐하면
warenhuis *(het)*	백화점
warm	따듯한
wasmiddel *(het)*	세제(洗劑)
wassen	씻다
wat	무엇
water *(het)*	물
WC *(de)*	화장실
week *(de)*	주(周)
weekend *(het)*	주말
weer *(het)*	날씨
weergeven	다시주다
weerhouden	만류하다, 저지하다
weg *(de)*	길
wegen	무게가 나가다
weggooien	던지다.
weinig	적은 'little'
wel	'well'
welk	어떤
wennen	적응하다

werk *(het)*	일
werken	일하다
werkkamer *(de)*	작업실
werkwoord *(het)*	동사
weten	알다
wie	누구 'who'
wij	(1인칭복수) '우리'
wijn *(de)*	포도주
willen	'will'
winderig	바람부는
winkel *(de)*	가게
winter *(de)*	겨울
wit	흰
woensdag	수
wolf *(de)*	늑대
wond *(de)*	상처
wonen	살다
woonkamer *(de)*	거실
woonlplaats *(de)*	거주지
woord *(het)*	단어
worden	되다 'become'
worst *(de)*	소세지

Y

yoghurt *(de)*	요구르트

Z

zaaien	씨뿌리다
zaal *(de)*	홀, 방, 강당
zaterdag	토
zeep *(de)*	비누
zeer	아주, 매우
zeggen	말하다
zeker	확실한
zes	6
zetel *(de)*	좌석, 자리
zetten	놓다
zeven	7
ziek	아픈, 병든
ziekenhuis *(het)*	병원
zien	보다
zij	(3인칭대명사) '그녀'
zijn	be 동사
zingen	노래하다
zitten	앉다
zo	그렇게, 너무
zodra	…하자마자
zoeken	찾다
zoet	(맛이) 단
zolang	…하는 한
zolderkamer *(de)*	다락방
zomer *(de)*	여름
zon *(de)*	태양, 해
zondag	일요일
zone *(de)*	구역, 영역
zonnig	햇빛이 비치는
zoon *(de)*	아들
zullen	미래조동사 'shall'
zuster	누이동생, 누나
zuur	신

5. 색인(찾기)